EMOTIONAL INHERITANCE

創傷會遺傳

解開創傷的世代遺傳之謎
卸下潛意識擔在身上的痛楚

A Therapist, Her Patients, and the Legacy of Trauma

Galit Atlas, PhD

加莉特・阿特拉斯——著　胡訢諄——譯

各界讚譽

當有些話不再是祕密，家族的故事自然流傳。隨著時間的流逝，讓彼此的傷口漸漸的癒合，情感的連結更加緊密。

——王意中，王意中心理治療所 所長、臨床心理師

「糾纏我們的不是逝者，而是那些不能言說的故事」、「接受不能改變的事，才能哀悼，迎接新生」、「看見我們對自己隱瞞的祕密，讓傷痕到此為

止」，就這三句話，簡要地講到了面對世代傳承的創傷的方式。也許基因的部分，在我們自己身上無法輕鬆改變，但我們如何回應基因傾向與家族文化，卻可以透過不同的覺知程度，進行調整。很期待看到這本書上市，並且帶領我們回到過去，展望未來！

——洪仲清，臨床心理師

這本書讓我們看到父母或祖父母的創傷是如何「遺傳」給下一代，而藉由「看見」，這些過去的傷痛就能轉化為我們能敘說的故事、讓我們展開新的療癒。

——留佩萱，美國諮商教育與督導博士

跨世代的悲慘際遇會以無意識的方式傳遞，即使年輕的一代不再重複經驗那些事件，但卻不小心繼承了不屬於他們的心理傷痛。這本書的每個案例都是如此深刻動人，讀來引人入勝，又引人深思。

——陳志恆，諮商心理師、暢銷作家

精緻優美。阿特拉斯博士巧妙運用心理治療的故事，考究前人遺留的跨世代創傷。治療過程的描述令人欲罷不能，繼而認識個案，乃至治療師。與此同時，你也忍不住反思自己的人生。《創傷會遺傳》對任何人而言都是珍寶，對於想要了解創傷、治療與痊癒過程的人，更是必讀。

——布魯斯．培理醫師（Bruce D. Perry, MD, PhD），與歐普拉合著《你發生過什麼事？》（*What Happened to You?*）

啟發人心的著作。阿特拉斯博士分享的故事，揭露了我們繼承的傷痛有什麼威力，長輩的經驗如何無聲又深刻地形塑我們的生活，以及我們所具備的治癒潛力。

——蘿蕊・葛利布（Lori Gottlieb），
《也許你該找人聊聊》（*Maybe You Should Talk to Someone*）作者

加莉特・阿特拉斯送了我們一份禮物，就是這本《創傷會遺傳》。她用溫暖關懷的筆觸告訴讀者，眼前的困難其實可以溯及我們繼承的過去。病患的故事和她本人的經歷鼓勵我們踏上探索的旅程。我們聆聽這些故事的同時，亦窺探自己被遮掩的地方，於是明白，倘若我們懷抱希望，現在也許正是時候，打破長輩們長久以來保持的沉默。

——雪倫・薩爾茲堡（Sharon Salzberg），
《靜心冥想的練習》（*Real Happiness*）作者

有些人的身體、心靈、精神、靈魂，背負著他們受傷的長輩最不可言說的祕密與創傷，而阿特拉斯博士帶著深刻的關懷為這些人書寫。我的家庭命運多舛，既是戰爭難民，因種族清洗被驅逐出境，也是生活困頓的移民。我身為這個家庭在美國成長的第一代，請容我宣稱，我非常清楚跨世代的創傷。我認為阿特拉斯博士完整細緻地寫下我在自己書中所謂的「世代傷口」。

——克萊麗莎・埃思戴絲博士（Clarissa Pinkola Estés, PhD），《與狼同奔的女人》（*Women Who Run with the Wolves*）作者

加莉特・阿特拉斯文筆優美，娓娓道來情緒遺傳困擾我們、亦滋養我們的面向。她巧妙呈現為何我們其實可以面對那些帶來磨難的傷痛與困頓，又為何可以化解。這本書是當代精神分析的極致之作，故事也相當動人。

——蘇西・歐巴賀（Susie Orbach），《肥胖是男女平等的議題》（*Fat Is a feminist Issue*，暫譯）作者

加莉特．阿特拉斯的《創傷會遺傳》觀察敏銳、充滿洞見，也激動人心；同時，卻又溫柔、感人、關乎個人。有才華的臨床治療師不一定是才華洋溢的作家，但阿特拉斯博士正是這樣的角色，她訴說的故事將長伴你我。雖然對多數人而言，表觀遺傳學才剛萌芽，但阿特拉斯博士用平易近人的話語說明，我們何以一出生就承接了前人的心理重擔；儘管我們逃脫不了，但是在她的幫助之下，我們將能理解。

——茱麗葉．羅森斐德（Juliet Rosenfeld），《不願相信的狀態》（*The State of Disbelief*，暫譯）作者。

本書充滿智慧、專業和人性。絕佳的重要著作，令人不忍釋手。

——安．奧瓦雷茲博士（Dr. Anne Alvarez），《陪伴當下》（*Live Company*，暫譯）作者

如果你感覺人生卡住了，不斷重複同樣的模式、被家人的幽暗過往給糾纏，《創傷會遺傳》將帶來非凡的洞見。阿特拉斯博士靈巧地分享自身經歷和個案的故事，同時與心理學研究天衣無縫地交織在一起。翻開她的書就停不下來，也會對世代傳遞的創傷與家族祕密獲得深刻的心理學觀點。本書無疑會改變許多人的生命，幫助我們解鎖尚未實現的潛能。

——克莉絲蒂·塔特（Christie Tate），《你不需治療，只需說出口》（*Group*）作者

加莉特·阿特拉斯書寫每個家庭特殊的創傷時，是在接續托爾斯泰的話：「幸福的家庭都很相似，不幸的家庭苦難大不相同。」阿特拉斯訴說她個案的故事，而個案的創傷也和她自己過去的創傷與失落相互呼應。阿特拉斯細膩親近地說故事，捕捉到了她和個案一起獲得的認可與療癒。他們一起挖掘那些

祕密和背負、掩埋創傷的幽魂，藉著過去發生的事帶領讀者進入當下，進而開啟未來的可能。這樣的可能並非陽光普照的河谷。不幸福的家庭不會不假思索就變得幸福。然而，阿特拉斯以優雅、寬大的姿態展現給我們看，只要引領祕密與幽魂重見光明，新的故事、更多的生命力，以及名為幸福的解脫，就有可能。

——肯．科爾貝特（Ken Corbett），《謀殺一個女孩》（*A Murder Over a Girl*，暫譯）作者

充滿智慧、大膽，實至名歸。《創傷會遺傳》描繪了心理治療如何揭露世代之間無意識的創傷傳遞，令人折服。阿特拉斯博士的文筆渲染力十足，讓人身歷其境，見證被埋藏的悲傷故事，看著那些背負傷痛的孩子對於籠罩他們人生的陰影似懂又非懂。本書見解獨到，闡明這些往事具有的意義，亦深深滿

足我們對於精神分析在當代能提供什麼貢獻的好奇心。

——潔西卡．班傑明（Jessica Benjamin），
《愛的羈絆》（*The Bonds of Love*，暫譯）作者

強而有力、洞若觀火，深具同理心地探索創傷的世代遺傳。《創傷會遺傳》一書顯示加莉特．阿特拉斯不僅是天賦異稟的精神分析師，也是天賦異稟的作家。我極愛這本書，內心也為之翻騰激動。

——丹尼．夏普洛（Dani Shapiro），
《繼承》（*Inheritance*，暫譯）作者

這是一趟親近人心、筆觸細膩、充滿關懷的旅程，探索跨世代的創傷，以及人們如何背負這些傷痛，再傳遞給家人；同時也關注創傷如何在治療的關係之中，被巧妙地帶上檯面，進而被看清、削弱，甚至是化解，讓這些至今無以名狀的事物，經過轉化而得以宣洩重生。

——強・卡巴特—辛（Jon Kabat-Zinn），《正念的療癒力量》（*The Healing Power of Mindfulness*，暫譯）作者

謹以本書做為紀念，
獻給路易・艾隆

當那些日子，人不再說：
父親吃了酸葡萄，兒子的牙酸倒了。
《耶利米書第31章29節》

目錄

CONTENTS

第三部／自己

看見我們對自己隱瞞的祕密，讓傷痕到此為止

作者序

凡走過必留下痕跡

每個家庭都背負了某種傷痛的過往。每個家庭裡的創傷都會以獨特的方式保存下來，並在尚未出生的成員身上留下情緒印記。

過去十年，當代精神分析與實證研究拓展了表觀遺傳學（epigenetics）與世代創傷的相關文獻，探查創傷如何從一個世代傳遞到下個世代，存留在我們的身體和心靈。研究世代之間的創傷遺傳時，臨床醫師探討祖先的創傷如何成為情緒的遺留，傳遞給後代，在我們與未來世代的心中留下痕跡。

《創傷會遺傳》談的是被消音的經驗。那些經驗不只屬於我們，也屬於我們的父母、祖父母、曾祖父母，並衝擊著我們的生活。無聲的祕密不讓我們充分發揮潛能，影響著我們的身心健康，在我們的想望與能力之間挖掘鴻溝，也像鬼魂一樣糾纏我們。本書將娓娓道來過去、現在、未來之間的關連，並問：我們要如何向前？

我和弟妹從小就學會判斷什麼事情不該談論，我們從不過問死亡，盡量不談性，最好也不要表現得太傷心、太生氣或太失望，大聲喧譁更是大忌。父母沒讓我們背負不快樂的事，而且他們推崇樂觀主義。每當他們說到童年，總是形容得多姿多彩，同時也隱藏心理創傷、貧窮、移民與種族歧視帶來的委屈。

我父母都還年幼的時候，他們的家人拋下一切，移民到以色列。我的父親來自伊朗，我的母親來自敘利亞，兩人都在七個小孩的家庭中長大，住在貧窮的社區。但他們的苦難不只來自貧窮，還來自偏見：在一九五〇年代，他們在以色列是次等民族。

父親有兩個姊姊，才剛會走路就病死了，當時他還未出生。他剛生下來的時候也病得非常嚴重，差點沒能活下來。他的父親，也就是我的祖父，生來就眼盲，需要我父親和他一起外出工作，在街上賣報紙。從小我就知道父親沒上過學，七歲就開始養家。他教導我勤奮，希望我能獲得他自己當年負擔不起的教育。

母親和父親一樣，一出生就面臨生死關頭。十歲的時候，她的大哥死了，全家悲痛不已。母親不太記得童年的事，因此我也無從得知。我不確定我的父母是否發現，他們的過去如此相似。他們默默地，與疾病、貧窮、年幼痛失親人以及恥辱相連。

就像許多其他家庭，雖不明說，但我們全家人都心知肚明，沉默是抹煞不愉快的最好方式。當時的想法是，你不記得的東西就不會傷害你；但，如果無論你怎麼努力，其實還是記得呢？

我是他們第一個孩子，而他們過去的創傷就住在我的體內。

我長大的地方有戰爭，我們這些小孩經常感到驚恐，但我們還不太清楚自己籠罩在納粹大屠殺的陰影中，也不太了解暴力、失落、無止境的悲痛是加諸在我們全體國民身上的印記。

贖罪日戰爭（Yom Kippur War）是一九四八年以來的第五場戰爭，那時我才兩歲。妹妹在開戰第一天出生，父親和其他男人一樣被軍隊徵召，於是母親把我留在鄰居家，獨自去醫院生產。以色列遭到大規模攻擊，每個人都措手不及。傷兵湧進醫院，醫院頓時太過擁擠，臨盆的女人被移到走廊。

我不太記得戰爭的事，但童年經驗往往將日常視為正常，所以戰爭也被如此看待。接著好幾年，學校每個月都有「戰爭演習」，演練安靜地走到避難所。我們小孩很高興不用讀書，可以在避難所裡玩桌遊，我們還會開玩笑，說飛彈可能會擊中這裡，或者恐怖份子會把我們捉去當人質。我們學到的是，沒什麼事會困難得無法處理，危險乃家常便飯，而我們需要的是勇敢，並保持幽默。

我在學校的時候從不害怕，只有晚上會擔心恐怖份子可能從這個國家所有的家庭裡選了我家，那樣一來，我根本救不了我家人。我想過納粹大屠殺時最理想的躲藏地點：地下室、閣樓、書房後方、衣櫃，也知道訣竅是「一定要保持安靜」。

但我就是不擅長保持安靜。青少年時期，我開始玩音樂，心想說不定我就是需要發出聲音讓人聽到。當我站在舞台上，音樂就是魔法。我不能大聲說出口的，能夠透過音樂表達。那是我對不能開口的抗議。

一九八二年，黎巴嫩戰爭爆發，而我已經長大到能夠明白可怕的事情正在發生。學校的紀念牆上名字越添越多，這次是我們認識的年輕人。失去兒子的父母來學校參加紀念典禮，而我是為他們歌唱的人，對此我感到驕傲。我會直視他們的雙眼，確保自己沒有哭，以免搞砸了歌曲，讓人取代我，拿走麥克風。每年紀念典禮的最後，我們都會齊唱「和平之歌」（Shir LaShalom），在以色列那是無人不知無人不曉的歌曲。我們發自內心深處為和平歌唱，我們想要有個新的開始，想要解放我們的未來。

我長大的過程中，他們向家家戶戶保證，等到小孩十八歲要入伍時，已經沒有戰爭了。但是直到今天，那件事情還是沒有成真。我在軍隊擔任樂手，祈求和平；在基地之間往返，穿越邊界，為軍人高歌。波斯灣戰爭爆發時，我十九歲。

我們人在路上，大聲播放搖滾樂，聲音大到必須小心留意，以免錯過警報聲，來不及跑進避難所戴上防毒面具。某天開始，我們決定放棄面具、停止避難，每次警報響起，反而跑到屋頂，看著來自伊拉克的飛彈，猜測會落在哪裡。在每次如雷貫耳的爆炸聲後，我們會繼續聽音樂，而且播放得更加大聲。

我們為軍人高歌，他們也是我們童年的朋友、鄰居、兄弟。當他們聽到流淚時（這還蠻常發生的），我感覺自己的心觸碰了另一顆心，吐露出無法言說的聲音。我們的音樂表達了許多不能大聲說出口的事情：我們害怕，但不准承認害怕，即使對自己也是；我們還太年輕，想要回家、戀愛、旅行到遠方；我們想要正常的生活，但我們不確定什麼才是正常。做音樂並高聲歌唱很有意義，也令人暢快。我尋找真相、揭開內心情緒傳遞的旅程，正是從這裡開始。

終於，幾年後我離開家鄉，搬到紐約，開始研究不可言說的事情——那些意識之外，無聲的記憶、感覺、欲望。我成為精神分析師，探索潛意識。

心靈就像神祕的故事，分析它就像是作調查。我們知道有位潛意識心靈的大偵探，名叫佛洛伊德，他就是福爾摩斯的大粉絲，收藏了許多偵探小說。某方面而言，佛洛伊德借用福爾摩斯的方法：蒐集證據，搜尋表面底下的真實，挖掘真相。

就像偵探，我和父母試著追尋蛛絲馬跡，不只傾聽那些線索的聲音，也傾聽它們的沉默，以及我們雙方都不知道的事。那是細膩的工作，蒐集童年回憶，蒐集說過的話、做過的事；傾聽闕漏，傾聽未曾訴說的故事；尋找線索，將線索拼成一張圖，然後問，當時到底發生過什麼，發生在誰身上？

心靈的祕密不只包括我們自己的生命經驗，也包括以前的世代遺留給我們，由我們背負卻渾然不覺的記憶、感覺、創傷。

/

緊接著二次大戰後，精神分析師開始檢視創傷對下個世代的衝擊。那些學者許多是逃離歐洲的猶太人，他們的父母從大屠殺中生還。身為生還者的後代，上一代的創傷也在他們心中劃下痕跡，但他們毫不自覺。一九七〇年代開始，神經科學證實精神分析的研究：生還者的創傷（甚至是他們不曾開口談論的黑暗祕密）對他們子女和孫子女的生活都會造成實質影響。那些相對近期的研究，焦點放在表觀遺傳學、非基因的影響、基因表現的改造。學者探訪創傷生還者的後代，分析他們身上的基因有何變化，並研究環境如何在個人的基因留下化學記號，再傳遞給下個世代，特別是創傷在這個過程中造成什麼影響。這類實證研究強調，壓力荷爾蒙對大腦發展扮演重要角色，因此左右了生理機制，讓創傷藉此世代傳遞。

在紐約西奈山醫院的伊坎醫學院，創傷壓力研究中心主任瑞秋．葉胡達（Rachel Yehuda）博士做過大量研究。她的團隊揭露，納粹大屠殺生還者的後代，皮質醇濃度較低，而這是幫助身體在創傷後恢復的荷爾蒙。研究發現，這些後代相較於同輩，有不同的壓力荷爾蒙特徵，可能導致他們傾向罹患焦慮症。研究並指出，納粹大屠殺生還者和曾被奴役的人、戰爭退伍軍人，以及經歷重大創傷的人一樣，他們的後代儘管身體健康，一旦經歷了創傷或目睹了暴力事件，便更有可能出現創傷後壓力症候群。

從演化觀點來看，表觀遺傳學方面的改變，可能是為了在生理上讓孩子作好準備，幫助他們在面臨和父母類似的環境時得以生存；但事實上，這些改變反而會讓孩子在從未親身經歷那些創傷的情況下，背負創傷的症狀。

這項研究結果，對於我們這些試圖了解人類心靈的人並不意外。臨床工作上，我們看見創傷的經驗入侵下個世代的生命深層，而且呈現的方式不僅難以解釋，也往往令人驚訝。我們深愛撫養我們長大的人，而他們就住在我們體內；我們經歷他們的情緒傷痛，我們夢見他們的記憶，我們知道不曾明說的事情，而那些事情以我們不見得理解的方式形塑我們的人生。

我們繼承家族的創傷，甚至包含那些我們不曾聽說的。生於匈牙利的精神分析師瑪利亞・托洛克（Maria Torok）和尼可拉斯・亞伯拉罕（Nicolas Abraham），在巴黎研究當地納粹大屠殺的生還者和他們的子女。即使父母從未提起，他們遭受的打擊與失落，仍帶給下個世代許許多多情緒，兩位學者稱之為「幽靈」。父母心中未經處理的創傷形成種種感受，遺留給子女，成為住在他們體內的幽靈，成為那些不曾言說與不可言說的鬼魂。我們繼承的，就是那些若有似無、「像鬼魅一樣」的經驗。那些經驗侵入我們的現實生活，可見又實在；它們步步進逼，留下痕跡。我們知道，也感覺得到，但不總是能夠辨認那些事情的根源。

在《創傷會遺傳》中，我透過精神分析的視角和最新的心理學研究，讓個案的敘事和我個人的故事兩相交織，帶出愛與失落、個人與家國的創傷。本書描繪了種種方式，讓我們找到來自過去，使我們退縮不前、介入我們生活的鬼魂。所有我們未曾意識的事情在我們身上重新上演，這些事情存留在我們的心靈、身體，透過所謂「症狀」讓我們知曉：頭痛、執念、恐懼症、失眠，都可能是某些事情的跡象，卻被我們推到心靈最深處的角落。

我們如何繼承、保有、處理我們不記得或不曾親身經歷的事？那些出現在眼前，我們卻無法全然明白的事究竟有多沉重？我們真的能對彼此保守祕密嗎？我們傳遞給下一代的，又是什麼？探索這種種問題，是為了不受過去的祕密束縛，走向解放我們內心的道路。

這本書誕生於沙發，在個案和我的親密對話之間。經過他們允許，我在書中敘述他們和我自己的情緒繼承，還有難以想像的創傷，以及當我們檢視創傷留下的影響之後，隱藏在背後的真相。我挖掘不受認可的感覺、心靈忘卻或鄙棄的記憶，以及我們過去的碎片，也就是那些，我們親愛的人未必允許我們真正知道或記得的往事。每段歷史在檢視過去與展望未來時，總有獨特的呈現方式。當我們準備好打開繼承的事物時，我們就能面對內在背負的那些鬼魂。

在本書中，我描述創傷遺留的許多面貌與衝擊，以及我們的人生如何繼續前進。第一部聚焦在生還者的第三代：祖父母的創傷自行出現在孫子女的內心。我調查祕密的禁斷之戀，也就是出軌和世代之間的創傷關係；我探討性侵的魅影、自殺對下個世代的效應，以及殘留在潛意識的恐同症；我討論約蘭達．甘佩爾（Yolanda Gampel）「創傷的放射現象」，也就是災難的情緒

「放射」，何以擴散到後續世代的生活。

第二部的重點放在父母埋藏的祕密，探索在我們出生之前或從嬰兒時期開始不可言說的真相。那些真相，雖然我們並不清楚，仍形塑我們的生活。我探討個人可能因為失去手足而變得毫無生氣，我帶出「不受歡迎的寶寶」的概念，以及他們成年之後尋死的心願；我剖析軍人的創傷，並在治療關係中，揭露男性心靈的脆弱。

第三部追查我們不讓自己知道的祕密。那些現實往往太過駭人，讓我們應付不來。這些故事攸關為人母親、忠誠與謊言、肢體虐待、友誼與痛失所愛。由此可見，有些事情我們其實知道，但是被放在內心隱密的位置。

我們不讓自己知道某些祕密，試著扭曲現實來保護自己，避免不愉快的訊息進入我們的意識。為此，我們啟動防衛機制：若不想對某人感覺矛盾，就會將之理想化；我們認同虐待自己的父母，把世界分為好與壞，藉此讓世界看起來安全又穩定；對於我們不想要的感受，以及那些讓我們焦慮不已，以至於無法認清自己的事物，我們則投射到另一個人身上。

情緒的防衛機制啟動時，壓抑反應會淡化我們的回憶，並除去其中的意義。經過壓抑，回憶不再具有情緒的重量，也就不再傷害我們。在那些案例中，創傷被當成「沒什麼大不了」、「並不重要」的事件放在心裡。一旦切斷了想法與感覺的連結，我們就能保護自己，不去感受破壞性過大的事物，也能繼續隔離創傷，不去處理。

防衛機制對於我們的心理健康甚為重要，既調節了我們的情緒傷痛，也謀劃了我們對於自己和周遭世界的看法。然而，防衛機制的保護功能也限制了我們省思人生的能力，阻礙我們充分發揮潛能。那些令我們太過痛苦，以至於難以理解與處理的經驗，就會傳遞給下一代。正是那不可言說又令人心痛的創傷，成為一種世代傳承，以無法理解與控制的方式，影響我們的後代，乃至他們的後代。

我在這裡訴說的個人故事，是來自過去、被掩埋的創傷，無聲地保留在人與人之間；這些是未被完全傳達，但仍有人隱約知道的生命事件。這些故事從來沒人訴說，這些聲音被人消除，以至於我們心煩意亂。請和我一起打破沉默，追溯、發現那些限制我們自由的幽靈，以及那些阻撓我們追求夢想，不讓我們創造、愛、盡情發揮潛能的情緒遺留。

第一部

祖父母

糾纏我們的不是逝者，
而是那些不能言說的故事

我們各自的內心都有揮之不去的幽魂，但是誠如精神分析師瑪利亞・托洛克和尼可拉斯・亞伯拉罕曾經寫道：「糾纏我們的不是逝者，而是其他人的祕密在我們體內留下的缺口。」他們指的是世代之間的祕密和未曾處理的經歷，這些東西通常無聲無色，儘管如此，它們仍會潛進我們的心靈。我們背負著父母與祖父母的情緒遺留，保留他們未曾完整表達的失落；即使我們並未意識到那些創傷，還是感覺得到。古老的家族祕密就住在我們的體內。

這一部聚焦在歷劫歸來者的第三代，將目光轉到納粹大屠殺的餘波；在他們心裡，被壓抑的創傷往往化為無名的畏懼，未說出口的故事則一再重演。這一部也探索年幼喪親對下一代的影響、祖父母受到性侵的經驗如何衝擊孫子女的人生，並述說祖父的禁忌之愛這個祕密如何出現在孫子內心，以及生死交關之際，有時拉人一把的救命繩索竟是情慾。那些我們不准知道的事情縈繞我們、困惑我們，終將使我們傷心欲絕。

第1章
出軌，觸碰失落的兒時願望

每週兩次，伊芙開車一個小時來和我諮商。她告訴我，她討厭開車，多麼希望有人載她過來，在諮商室外面等著，再帶她回家。那個人不需要逗她開心，連說話也不用，只要能讓她坐在身旁，聽著背景的音樂，這樣她就心滿意足了。

聽著伊芙描述自己靜靜坐在駕駛旁邊的模樣，潮水般的憂傷向我湧來。我想像她小的時候，努力乖巧安靜，不打擾別人、不惹麻煩，假裝自己並不存在。

我在一開始的某次諮商中，問她最初的童年回憶是什麼，她說：「我五歲，在學校外面等著媽媽來接我，但她忘了。我發現，我得坐在那裡等候，直到媽媽想起來。我告訴自己『要有耐心』。」

最初的童年記憶通常藏著日後治療的主題，往往能告訴我們一個個案尋求治療的原因，並描繪他的自我觀感。每一段記憶都隱含著過往和後來被壓抑的事情。

伊芙的最初記憶告訴我，她曾經被人遺忘。漸漸地，情況越來越明朗。她以前常被單獨留在家裡，沒有父母看管；身為四個小孩中的老大，她成長的家庭多的是忽視，少的是情感。

我對伊芙很感興趣。她四十多歲，烏黑的秀髮及肩，綠色的眼睛時常藏在又大又黑的太陽眼鏡後方。伊芙走進房間時會摘下眼鏡，然後迅速坐進沙發。她會靦腆一笑，問候我，我注意到她的右臉頰有個酒窩；她會脫下高跟鞋，光著腳丫，雙腿交叉坐在沙發上。伊芙很美，在某些瞬間，當她用年輕女孩的眼神看著我時，似乎有些迷惘。

我想知道伊芙的母親最後有沒有來接她，同時試著想像伊芙在那裡等待的心情，害怕媽媽永遠不會來，卻不敢讓人知道。

我問伊芙，但她不語。她不記得。我們諮商的時候，她經常神遊，看向窗外，好像在我身邊，又不在我身邊。雖然她有著不凡的魅力，但三不五時她卻會變得死氣沉沉。

伊芙經常顯得淡漠；她會謹慎表達強烈的情緒，不時也會陷入漫長的沉默之中。

我看著她，心想她是否也把我視為她的司機，她生命中的一個大人，能夠準時到場，掌握方向，載她到她需要去的地方。我安靜坐著，知道可能需要一點時間讓她看著我或開口說話。

「昨晚我又跟他在一起了。」她起了頭，指的是她的情人喬許，他們每週會見面幾次。

大概晚上八點，喬許的同事離開後，他會用 Line 傳訊息，要她去他的辦公室。伊芙說他們需要一種安全的溝通方式。

「喬許第一次說要用這個 App 時，我以為他說的是『說謊』（Lying），於是我心想，『App 取這種名字也太不妥了』。」她笑了，然後挖苦地說：

「我覺得偷吃的人應該串連起來，例如開個聊天室之類的，他們可以分享資訊，互相提供建議，就像新手媽媽群組。早該有人做這種生意啦，你不覺得嗎？好幾百萬個迷失又困惑的人，不知道怎麼出軌才安全。」她笑了，但似乎又是前所未見的悲傷。

她沒看我。「喬許和我加入靈魂飛輪的會員，當作晚上見面的藉口。這個不在場證明很好，可以滿身大汗回家，立刻去洗澡。」她頓了頓，又說：「把他的味道從我身上洗掉，總讓我憂傷。我寧願帶著睡覺。」

伊芙吸一口氣，彷彿想讓自己冷靜下來，然後她又笑著說：「喬許覺得靈魂飛輪如果推出『不在場證明方案』，打個折扣販售假會員，應該可以大賺一筆。」

我也笑了，雖然我知道一點都不好笑。雖然她談笑風生，但其中有很多困惑、罪惡、害怕。忽然間，她的心思全都回來了，我能感覺到她的強烈痛楚。我心想，現在她恢復生氣了，於是開口問她想不想多談談外遇的事。

我們第一次諮商時，伊芙說她已婚，有兩個小孩。女兒剛滿十二歲，兒子九歲。她告訴我，她決定來治療是因為發生了很糟的事，讓她發現自己需要幫助，然後她說了喬許的事。

伊芙每個禮拜有幾天晚上會去喬許的辦公室。喬許是個生活極為規律的人，所以他們的流程固定：先做愛，再叫東西吃，吃完後他開車送她回家。

伊芙告訴我他們做愛的過程，一開始有點遲疑，後來會談到細節。

「和喬許在一起，什麼都由不得我。」她殷切地看著我，想知道我懂不懂她的意思。她解釋，順從喬許的時候，她感覺被人接住；她感覺他知道一切關於她的事，也知道關於她身體的事，而且在他的主導下，她可以失控。

「因為他，我又活了過來，你知道我的意思嗎？」她並沒有等我回答。

生與死，從一開始，就是伊芙敘事之中的強大力量。我們開始探索性、傷痛、修復等環節，以及這些環節與伊芙的家族歷史的神祕關係。我得知她的外婆在她母親十四歲的時候因為癌症過世。伊芙的母親照顧重病的外婆兩年，而她的某個部分和外婆一起死去了。伊芙和我將會慢慢發現，透過性的臣服，她能接觸到母親的渴望——渴望被人照顧、活著、修補傷痛的過去。

伊芙看著手錶，開始穿鞋，準備結束諮商。然後她往後靠，靜靜地說：「我們做完後，喬許開車載我回家，我會變得很激動。我喜歡和他做愛，我也喜歡他載我回家。」

又一陣沉默，接著她說，幾乎是氣音：「我看著他手握方向盤，表情嚴肅，我覺得他是我見過最帥的人。我想親他，但我知道最好不要，畢竟，我們不在他的辦公室了。我們假裝他是修車廠的員工。

「他在我家前幾個路口讓我下車，說再見時我覺得心酸，我真的不想上樓，回到我那庸庸碌碌的平淡人生。喬許完全知道我的感受，所以我什麼都不用說，他就會告訴我：『別忘了我多愛你。星期三見，很快就到了，比你以為的還快。』

「我會對他扮個鬼臉，他知道我覺得星期三就像還要好幾年才到，在那之前，我有好多好多感覺和想法，他都無法參與。於是他會說：『我在我們的App上。我一直都在，即使我人不在你身邊。』」

她戴上太陽眼鏡。「通常這個時候，我就停止感傷，然後下車。」我明白她為了離開他而切斷感覺，而且她當面告訴我這件事的時候，又切斷了一次。她會再度陷入漫長的沉默，直到離去。

我有許多個案，他們來找我是因為我以性為主題，發表學術著作或在學校開課。我看過男人和女人因為伴侶出軌痛不欲生，也看過曾經外遇或正在外遇的人，還有已婚者的情人。他們的故事不同，動機也大異其趣，但這些人全都表示，為了守住自己的祕密，或是為了替他們生命中的其他人保密，讓他們備感煎熬。

雖然我清楚每段關係都有利害往來的面向，但我也相信愛。我相信兩人之間依附的力量，相信忠誠是信任的一大基礎，而且我認為每段關係都包含了破壞與創造。我們愛人，但有時候我們也恨我們愛的人；我們相信他們，但也害怕他們可能帶給我們的痛苦和傷害。成長的其中一個目標是調合正面和負面的感受：懷著愛去恨；愛人的同時也認可失望、生氣的時刻。我們對心中那股破壞的衝動，知道得越多、越能加以掌握，我們就越有能力全心全意去愛。

生命，某個程度而言，總是關於毀滅的欲望和性愛兩者之間的緊張關係。毀滅，也就是毀掉愛、善意、生命本身；而性愛代表的不只是性，還有生存、創造、生育和愛的衝動。那樣的緊張關係存在於我們生命的每個面向，包括人際關係。

心理上的覺察幫助我們辨識這些衝動和欲望，並將之提升至意識層次，同時也幫助我們叩問自己和前人的選擇。然而說到外遇，由於牽涉的層次之多，使得毀滅與死亡、生存與生命之間的區別不總是清楚可見。

人們前來治療的一大原因，是尋找關於自己未知的事實，而這個探尋的開頭，總是始於希望知道我們到底是誰、我們的父母是誰；但另一方面，我們也害怕知道答案。伊芙為什麼和喬許是這種關係？為什麼是現在？這段關係的哪個部分是關於生存的需求，能讓她活了過來，哪個部分又與死亡和毀滅相連？她現在的生活如何反映出她的女性長輩的人生？又如何反映出她試圖治癒自己，也試圖治癒受傷的母親、垂死的外婆，因而作出的一切努力？

不忠必定會傷害關係，即使那樣的傷害起初看不見；由此來看，不忠會帶來破壞與毀滅。然而，人們外遇不盡然是因為想要摧毀關係或從中脫離；弔詭的是，不忠有時是為了維繫婚姻而作的努力。一段關係裡，外遇常常是平衡權力的方式，或滿足不被滿足的需求。在許多案例中，雖然外遇是性的發洩，也能間接表達敵意、憤怒之類的負面情緒，但它也是保護婚姻不受那些感覺傷害的方式，同時能讓關係維持現狀。

在關係本身中不被允許的感覺，尤其是攻擊性，得以透過性來找到出口。常聽人說，婚姻外的性行為比較猛烈，婚姻內的性行為比較溫和、「文明」。伴侶在潛意識中互相保護對方不受攻擊，卻也使他們的關係變得麻木。沒有攻擊的空間，通常也就沒有性。

生死之間存在著你來我往的緊張關係，而這種張力也存在於性慾之中，尤其是長期的關係。美國精神分析師史蒂芬．米切爾（Stephen A. Mitchell）著有《愛能長久嗎？》（*Can Love Last?*，暫譯），他在書裡探討性生活中，冒險與安全的衝突。米切爾強調，浪漫、活力、性慾，這三個因素不只令人的生命值得一活，也值得栽培與品味。他表示，浪漫之於生命，是一道活泉，但隨著時間過去，性的浪漫容易失去朝氣，甚至變得死氣沉沉，因為能夠讓性的浪漫欣欣向榮的是危險、神祕、冒險，而非長期關係中的安全感、熟悉感。

米切爾問，面對讓我們感到安全的人，我們還能繼續產生慾望嗎？他表示，那是安全與危險、熟悉與新奇之間微妙的平衡，而長久的愛，祕訣就在這裡。心理治療師艾絲特·佩萊爾（Esther Perel）在創新的著作《情欲徒刑》（*Mating in Capativity*）裡耙梳家庭生活與性慾的矛盾，並幫助情侶和夫妻開發玩樂空間、進行冒險，繼而在關係之中得到性的興奮感受。佩萊爾進一步延伸相關主題，檢視出軌的複雜性質。

精神分析深入個人細膩的內心，而這樣的旅程千頭萬緒、深奧微妙。每一趟旅程中，危險與安全、破壞與建設、生與死、數個世代的苦難，都會以不同方式顯現。

我們第一次諮商時，伊芙並沒有摘下太陽眼鏡。她雙腿交叉坐在沙發上啜泣。

「我的生活被我搞得亂七八糟，」她說：「我不知道，說不定我已經毀了我的人生。我不知道怎麼辦。」

她告訴我，她的先生是個好人，婚姻也幸福美滿。

「我其實是愛我先生的，」她說：「我們的家庭很甜蜜，我的小孩很棒。他們就是我一直夢想的一切，我已經什麼都有了，也許我就是太貪心。」接著她告訴我，她發現生活已經失控的那一夜。

「我們通常在他的辦公室見面，但那個週末不同，因為他太太和我先生都在外地，所以我們以為那是一起過夜的好機會。我們不曾那樣，所以我們兩人都很興奮，也很緊張。」

她請保母那天晚上陪小孩過夜，而喬許在辦公室對面的旅館訂了一間房間。伊芙告訴我，她女兒今年十二歲，開始自己走路上學，所以她和先生今年初在手機裝了一個 App，用來追蹤女兒。如果先生從 App 搜尋伊芙的位置，就能輕易找到她。

「我發現家人隨時可以查看我在哪裡，於是那個 App 變成一個大問題。我很討厭說謊，我知道聽起來難以置信，但我說的是真的。」她幾乎像在道歉。「我寧願什麼都不解釋，也不要說謊。所以那天晚上我決定關機，這樣就不用說謊交代我在哪裡。」她嘆氣：「天哪，一團亂。」

伊芙暫停，眼眶泛淚。

「我和喬許在一起的那天晚上，比我想像得更棒。很難用文字表達我的感受，因為我甚至不知道那樣的感受存在。我們終於在一個沒人打擾的地方，只有彼此，而且時間好像無窮無盡。感覺好像我們是真的夫妻，對彼此全心全意，身體和心靈完全融合。我們做愛做了好幾個鐘頭，我一直在喬許的耳邊輕輕說『我愛你，我好快樂、好快樂』。」

「『我知道，寶貝。我也好快樂。』他說。

「『你覺得我們能把這裡變成我們的家嗎？』我問他，我指的是那間旅館的小房間，當時似乎非常完美。」伊芙抬起頭看我。「現在我告訴你這件事的時候，我發現我只是把心願投射在那間可笑的旅館房間。我覺得自己像個白痴。我們躺下，我把頭靠在他的肩膀上，什麼都不想。那一刻，其他的一切都不存在。我是真心快樂。」

伊芙暫停幾秒，沒有看我，繼續說：「躺在喬許懷裡有種和平常不同的感覺，和他的觸摸有關。好像他同一時間，既強壯又溫柔。我和他在一起的時候，完全忘了自己是誰，那是我不曾有過的感覺。但我猜那就是問題，那就是為什麼，那天晚上後來很慘。」她嘆氣。

「我早上六點醒來。離開旅館後，我打開手機，有十通語音留言和超多簡訊，是保母傳的，說我兒子氣喘發作，他們人在醫院。我哭了，想盡辦法用電話跟醫生聯絡。我簡直不敢相信自己讓這種事情發生。就是那個時候，我發現生活已經失控，陷入麻煩；就是那個時候，我決定尋求治療。」她轉向我，語氣絕望，「告訴我，我該怎麼辦？我愛他，難道是瘋了嗎？」

佛洛伊德曾寫過，他最不喜歡治療戀愛的個案。對佛洛伊德來說，愛是不理性的感覺，而戀愛的人處於部分精神錯亂的狀態，與現實脫節。他相信處於這個狀態的人，除了愛與情慾，無法接觸任何現實的情緒，因此幾乎不可能產生真正的覺察。

歐文・亞隆（Irvin Yalom）在著作《愛情劊子手》（*Love's Executioner*）的開頭就說，他也不喜歡接下戀愛中的個案。他自認是因為羨慕，「我也渴望神魂顛倒」，他老實寫下。

治療師幾乎像個偷窺父母房間的小孩，無疑像個「外人」，因為撞見個案的婚外情，可能心生嫉妒、感到被排拒在外。然而，治療師同情共感的對象不只限於被排除的外人——意思就是那個小孩——，也包含了談戀愛的當事人。

但是，當那份愛並不正當，裡頭還包含了許多道德倫理的成分時，情況就會變得更為複雜。治療師和多數人一樣，對那樣的愛也有很多感受。他們可能產生道德衝突，感覺罪惡，或與被背叛的人感同身受；他們可能羨慕個案可以去做某件他們自己想要做的事；他們可能想把個案變成「更好的人」，幫助他或她結束外遇；他們甚至可能幻想浪漫情節，例如個案和愛人私奔。

我聽著伊芙訴說時，內心就是如此複雜。我明白探究真相總是痛苦，真相會逼我們放慢速度去檢視生活，要我們反省，不要我們行動。外遇真正的意義是什麼？伊芙知道不忠背後的驅力之後，她受得了嗎？承認自己從孩童時期開始就背負著傷痛，而外遇便是想要安撫那個傷痛，她禁得起嗎？她能不能看出母親和外婆是以何種方式存在於她的外遇之中？她撐得住嗎？

/

第二次諮商，伊芙遲到了五分鐘。

「我睡過頭，差點來不了。」她邊進門邊說。「路上很塞，而且我找不到停車位。我心想，除非奇蹟發生，不然我到不了。」

我聽著她說，好奇她是否希望來不了，這樣就不用開始自我省思那段痛苦的過程。不過，我也聽出了她的驚訝，她真的辦到了，不只是趕上了諮商，也許還包括她邁開了人生的一步。

「你現在長成了有能力的大人，事業成功，先生和兩個小孩也深愛著你，你可能會對這樣的成就感到驚訝，也許看起來就像奇蹟。」我說。

她微笑，「有時候我還真不知道怎麼會這樣，我不敢相信這真的是我的人生。我知道聽起來膚淺，但就連我的外貌有時也讓我驚訝。」她說。「我小時候很醜，爸媽會說我『長相奇特』。」她看著我，又說：「但事實是，現在我什麼都搞不清楚了。我感覺自己又變回從前那個女孩，一無所有、無依無靠。我覺得我毀了親手建立的一切，而且不可能重來。這次我辦不到。」

伊芙不太記得童年的事，她只記得常常落單，在和三個弟弟一起睡的房間裡，自己一人在書桌底下玩。她會從紙上剪下小人形，跟那些人玩扮家家酒。他們是她夢想未來能夠擁有的大家庭：有很多小孩，愛著她、保護她，也愛護彼此。書桌底下的空間是他們的家，她用毛毯蓋起來，躲在那裡，這麼一來，她就能夠大玩幻想遊戲，不受干擾。

「有個場景，我一玩再玩。」她告訴我。

「是那個女孩的生日，但是家裡沒有任何人跟她說『生日快樂』。他們無視她，羞辱她，攻擊她，那是她人生中最悲慘的一天，她坐在房屋的角落，默默哭泣。」

劇情到了最後總是會出現轉折：忽然，一瞬間，一切都變了。被排擠的女孩發現原來是誤會一場，家人瞞著她準備了驚喜的派對。

「她發現那只是惡作劇。」伊芙的口氣像個孩子，而我知道她在說，小的時候她多麼希望一切都是誤會，她多麼希望一夕之間全都改變了。轉折是她童年幻想的重要部分，她夢想自己的醜陋變成美麗，絕望變成希望，無助變成力量，恨變成愛，而死寂的一切能夠重獲新生。這些願望真的實現了，小女孩變成美麗、能幹、成功的女人，有了夢寐以求的家庭。但是當她的女兒邁入十二歲，她卻忽然感覺空虛，好像內心正在死去。

「然後我遇見喬許。」她說，接著沉默，轉身凝視窗外。「他照顧我，好像我是個小女孩。」她靜靜地說，彷彿自言自語。「從來沒有人那樣照顧我。那種方式，是我想像我的媽媽照顧她母親的方式。」

我跟隨伊芙的聯想，和她一起進入她的家族故事，走進她重病的外婆躺著的房間。莎拉，也就是伊芙的母親，當時十二歲，躺在她的媽媽身邊。我注意到伊芙和喬許外遇時，她的女兒正是這個年紀。

伊芙的外婆罹患肝癌兩年，經歷放射線治療與化療，稍微好了一點，便又復發。她又做了幾次痛苦的化療，然而病況只是加重。莎拉十四歲的時候，母親過世了。

「我媽就像我，是四個小孩中的老大，也是唯一的女生。她的母親主要由她照顧，她是個盡心盡力的女兒。她說她的母親有時會躺在床上，整天發著高燒，而她會努力幫忙，試著拿冰塊和濕毛巾幫她退燒，但是全都沒用。隨著時間過去，高燒會從早上開始，持續整晚。我的外公搬到客廳睡覺，而我的母親會在半夜醒來，確認媽媽的情況，放學也會飛奔回家照顧媽媽。

「最後幾個禮拜，她的媽媽幾乎沒有睜開眼睛，就算睜開，似乎也只是空洞的雙眼，不是真的看著什麼。我的母親再也不確定媽媽知不知道女兒躺在身邊。她的膚色轉為蠟黃，嘴巴總是微微張開，好像無法閉緊。當肝臟的毒素擴散到大腦時，她的精神變得錯亂，偶爾會喃喃自語說些莫名其妙的話，例如他們得去餵狗，但他們從沒養過狗。我的母親猜想，她說的是不是她小時候養的狗，但也不確定那條狗是否真的存在。

「我不覺得她真的從媽媽的死走出來了。」伊芙說，「她向我描述她媽媽的最後一天，說過好幾次，彷彿告訴我之後，她就更能接受這件事；或者她要我知道所有細節，這樣就不會覺得那麼孤單。」

媽媽臨終前幾天，莎拉沒去上學。她會爬進床鋪躺在媽媽身邊，試著去聽她的呼吸。知道媽媽還活著、媽媽聽得見她，她便感到安心。但是莎拉知道她再也不能碰媽媽，因為她的身體變得非常敏感，輕輕一碰就會弄痛她。

有個護士每天都會從醫院來他們家，某天，她把莎拉叫到另一個房間，告訴她，媽媽不久就會離世，也許再過幾週，也許再過幾天。護士給她一本綠色的手冊，寫著可能會發生的情況，但莎拉不相信，她認為如果她和媽媽待在床上，就能幫她活命；如果她確定自己的呼吸和媽媽一致，她們就會永遠一起呼吸。

莎拉十四歲生日那天，她的母親深深呼吸了七次，每一次聽起來都像嘆息，然後她便嚥下最後一口氣。她的臉上掛著淺淺的笑容，但她已經沒有生命跡象。

伊芙告訴我這件事的時候，彷彿說的是自己的母親。我的眼眶泛淚，但她沒有。她看著我，吸了一口長長的氣。她在確定自己依然活著嗎？

她不自在地動了動。「你之前提過，我外婆生病的時候，我母親十二歲，而我和喬許開始見面的時候，我女兒十二歲。我沒想過那個關連。我們做愛的時候我總會哭，偶爾我要他救我，帶我到某個地方，開車遠走高飛。」

「性變成某種迫切的努力，為了治癒我們受傷的父母和我們自己，這種情況並不罕見。」我說，而伊芙開始哭。

「真是糟透了。」她小聲說，「如果當媽的在女兒十二歲的時候生病，然後死了，那我當然得救我自己的命。」我問她是否記得那個年紀的事，從她大約十二歲開始。

伊芙看著我，面露驚訝。她對兒時的事情，記得的不多。

「真是奇怪，」她說，「再怎麼說，我媽媽把我養大，她是在家陪小孩的人，但我真的想不起來什麼時候和她相處。」她暫停，盯著窗外，我感覺她又忽然消失了，而我靜靜等她回來。就在此時此刻，我看出了她的麻木、她外婆的死、外婆去世對她母親的衝擊，這三件事的關係。

我下意識問：「你母親還在世嗎？」

伊芙大吃一驚。如果她的母親已經過世，我們雙方都會知道，因為她會告訴我。但我還是問了，這個問題在暗示，她的母親某方面已經死了，在那個房間和她的外婆一起死了，於是永遠無法當個正常的母親。

「我突然想起一件事。」伊芙說，「你剛才問我，我母親是否還在世，我想起小時候某個極不舒服的畫面。我也不知道為什麼會想起，那是一隻死掉的狗。

「十二歲的時候，我在街上發現一隻小狗，就在我家附近。我跟牠玩了一下，再把牠放回街上。我轉身要回家，那隻小狗卻跟著我。我記得自己非常快樂，我覺得那隻小狗愛我，所以又把牠抱起來，決定碰碰運氣，帶牠回家。我知道我媽會不高興，她從來就不希望家裡養寵物。但我下定決心，要盡我所能說服她養這隻狗。

「我記得走進家裡，倒了些水給小狗，然後去找媽媽。她躺在床上。現在回想起來，她老是躺在床上。」伊芙說。「哈，以前我都沒想過。」她補充，接著說：「我坐在床上，在她旁邊，小聲說：『媽，我發現一隻小狗。』」

我聽著伊芙，想起她外婆死前提到的狗。伊芙繼續說下去。

「我媽沒有睜開眼睛，只是咕噥：『發現是什麼意思？』

「我說：『牠跟著我回家，我不忍心丟下牠。我想我們可以照顧這隻小狗，而且……』

「我媽打斷我，她還是閉著眼睛。『不行。』她很堅定。『把牠送回你發現的地方。』

「『但是媽，』我開始哭，『我做不到。那隻小狗沒有爸爸媽媽，沒有人照顧牠。我保證，你什麼都不用做，全都由我來，我會自己照顧牠。拜託，媽，拜託。』

「我的母親睜開眼睛。

「『伊芙，不要惹我生氣。』她說。『你聽到我剛才說的話嗎？把牠送回你發現的地方。我們家不養狗。』」

伊芙看起來傷心欲絕，她開始哭：「我別無選擇，只好帶狗出去，留牠在街上。隔天我發現牠死在我家對面。有人跟我說牠被車撞，我認為那都是因為牠想跟我回家。」

伊芙淚流滿面，而我努力忍住自己的淚水。她把自己當成那隻狗，被人拋棄，沒有媽媽，也沒有人照顧。我感覺她既憤怒又無助。那隻被丟回街上的狗，也是童年時的自己，一再被人拋棄，在世上孤單地走著，希望某人能夠領養她，改變她的人生。

死去的狗代表她內心背負的所有死亡：她死去的外祖母，她那因為創傷而在情感上死去的母親，以及她死去的自我。

法國精神分析師安德烈．格林（André Green）創造了「死去的母親」一詞，指的是無暇他顧、經常憂鬱，也在情感上缺席的母親。格林描述一位受到創傷的母親，變得疏離又毫無情緒。他解釋，通常是因為痛失所愛導致母親在情感上死亡，而她的小孩接著就會用盡畢生之力，試著與母親有所連結，希望喚醒母親，恢復她的活力。任何小孩，只要極度害怕被人拋棄，就會堅持要和母親建立連結，並竭盡所能，讓自己感覺靠近母親，甚至願意為此妥協某些部分的自己。當他們放棄喚醒母親時，他們重新與母親連結的方法，反而變成放棄自己。他們在母親死寂的內在與母親接觸，於是自己的情感也開始死亡。

伊芙的內在滿是世代之間的死寂。她背負那樣的情緒遺傳，將自己等同死去的母親。她的內心深處同樣感覺破碎、麻木、羞愧。小時候，她試著改變那種感覺，於是夢想創造生命、成為母親、生下一百個小孩。她算過，如果她生十次，每次生十個，那麼一百個小孩切實可行。他們會像一窩小狗一樣依偎在一起。她對抗層層死亡時，腦袋幻想的是充滿愛的人生。

伊芙的性慾因為渴望修復而變得鮮活。性成為一個管道，主動將她拉進家庭創傷的核心。透過性的行為，我們可以觸碰深淵，深入我們的悲傷、我們的絕望。

「我要喬許把我按住，然後要他摸我，溫柔地，摸我全身。」伊芙告訴我。「我要他把我抱得越緊越好，把我綁在床上讓我動彈不得，那樣他就擁有所有權力，而我將別無選擇，只能信任他會悉心對待我的靈魂。我要他治癒我。」

伊芙和喬許做愛，藉此直視死亡，並與死亡作戰。她堅信這次她會贏，她將修復所有的傷害和羞辱，包含過去的、現在的，當然也包括未來的；她會重獲新生，治癒體內的死寂。她在潛意識幻想的是，一切都能獲得修復、獲得原諒，她將終結這個迴圈，在她女兒滿十二歲時完全重生。

修復是種力量，能推動性愛，也能推動生命；那是創造力最強大的要素，而它的根源就是希望——希望安撫傷痛，希望治癒我們所愛的人。因此，修復能夠創造希望，讓人更有活著的感覺，並幫助人為自己的失落哀悼。「躁狂性修復」（manic reparation）這種修復的形式，防衛的成分較多，建設性較少。這樣的修復是行動導向，不斷重複，卻永遠無法達成目標，因為它的目標是全面的修復與勝利。躁狂性修復對現實視若無睹，而現實就是，不可能有全然的全新開始，而原諒和復原必定包含了痛苦。

喬許無法修復伊芙生命中的失落。事實上，每次他們說再見，她就感到無助，並重新經歷那些失落。在治療之中，伊芙終於明白，她以為自己終將勝利的那場戰鬥，其實只是在複製她努力擺脫的過往。她意識到，自己以為能拯救人生的那樣東西，其實只會讓她在孩子的心中，變成缺席而死寂的母親，所以她不是在修復，而是在重演過去。當她明白兒子原本可能會死之後，她就必須停止躁狂的循環，面對現實。儘管令人痛苦，但真相就是：已經發生的事，無從改寫，只能調適，並為之哀悼。

在我們諮商尾聲，伊芙穿上鞋，打開包包，掏出鑰匙，但她沒有立刻戴上眼鏡，反而安靜坐著，微笑。

「你知道嗎，其實我蠻期待今天自己開車。我不知道從前怎麼都沒發現，就是自己開車，我可以決定要去哪裡。我可以回家，或不回家，都由我作主。」

我目送伊芙離開。這是我們初次見面以來，第一次為她感到充滿希望。

第2章
你當小紅帽，這次沒有狼

收到拉若的電子郵件時，我並不驚訝。她是我十九年前的個案，後來父母突然中斷她的治療，全家搬到西岸，當時她才十歲。從此之後，我經常想起她，想起她不尋常的故事，想知道她好不好。當我看到她的名字出現在收件匣，幾乎就像我在等她來信。

「我寫信來是想問問我們能不能碰面。」拉若寫道。「我現在二十九歲，有很多話想跟你說。你還記得我嗎？」

不記得拉若很難。我在紐約市開業時，她是我最初幾個兒童個案。我和她諮商了兩年，她未解的家庭狀況經常讓我覺得不安，這幾年還是會想起。

拉若是我治療過的性侵案件中，情況數一數二混亂的。隨著時間過去，我研究了性侵害的跨世代面向，覺得自己更能理解這個議題的本質了。也許我一直都想跟拉若分享這些想法，所以才會希望她和我聯絡。

我和拉若開始諮商時，我正在研究童年性侵這個主題。

我的其中一位督導碧翠絲・畢比（Beatrice Beebe）在哥倫比亞大學研究嬰兒，她的名言是「作研究，就是研究自己」。（Research is me-search.）她的意思是，所有心理學研究，即使我們不自覺，都是希望理解、治癒自己和撫養我們的人。

我開始這個研究時，並不確定我在尋找什麼。關於我自己、我周圍的世界，我真正需要知道的是什麼？我的「研究自己」究竟是指什麼？

從此之後，我對自己督導的每個學生都會問這個問題，並真誠相信，內心深處，我們總是想要解決自己心中的謎團。即使我們理性看待周圍的世界，探究知識的動力永遠是情感。

我對匈牙利精神分析師薩德・費倫齊（Sandor Ferenczi）所謂的「語言混

淆」（the confusion of tongues）很感興趣，由此展開我的研究。費倫齊從《聖經》巴別塔的故事裡借用了這個詞，他指的是小孩講的溫柔語言和施虐者講的熱情語言，兩者之間的混淆。性侵害有關的混淆，最常見的弔詭就是關愛和剝削的混雜，常讓小孩不知所措、痛苦煩惱。施虐者不會只是威脅、恐嚇小孩，他們通常還會給予關愛，承諾會照顧小孩的安危，並讓小孩感到特別。我的研究焦點在於，如何從兒童玩遊戲看出他們情感上的經歷和脆弱之處。我特別想要記錄與兒童一起扮演的童話故事，這些故事裡的情感成分常常具有人類共通的寓意。我選了一篇童話故事，和我的兒童個案進行研究：《小紅帽》。

我的論文研究計畫通過大約一週後，拉若走進我的諮商室，開口說：「關於我們今天要做什麼，我有個想法。」

我和她通常會一起扮演「家人」，她會要我當女兒，她當媽媽。角色扮演不僅讓我明白在她的家裡當女兒有多麼痛苦，還讓我體會個中滋味。扮演一個像她一樣的女兒，和爸媽傑德、漢娜，以及同父異母的九歲哥哥伊森住在一起，於是我知道了沒有人可以用言語告訴我的事：他們全都困惑、害怕，而拉若幫他們所有人保守著一個家庭祕密。

「什麼樣的想法？」我問，而拉若的回答令我驚訝：「我們能不能一起玩小紅帽？」

這個巧合令我目瞪口呆。她怎麼知道這是我為研究選好的童話？更何況，研究計畫上禮拜才剛通過。

我和個案共事的經驗越多，越是明白我們和周圍的人，其實在潛意識的層面互相連結。而和拉若那次，是我第一次體會到這點，但那不是唯一的一次。那次之後，我又和個案們有過許多不可思議的巧合。透過我們的夢境、遐想、同時發生的事情，我們發現，我們對彼此的認識，比自己知道的還多。

拉若微笑，她說：「你是女兒，我是媽媽。」

我打開櫃子，裡面有我剛收到的布偶：一個穿紅衣的女孩、一個媽媽、一個外婆、一匹狼。

「外婆和狼怎麼辦？」我問。「誰來演？」

拉若頓了一下。

「我們不需要狼。」她說。「我們的故事裡面沒有狼。」

/

和拉若第一次諮商前，我先和她的爸媽漢娜與傑德見面。

諮商對象是兒童時，我必定先和父母見面，蒐集關於這個孩子和家庭的資訊，討論治療的目標和過程。雖然治療的是小孩，但是十之八九，最需要幫助的是父母。兒童時常傳達家庭的真實情況，變成我們所謂「可辨識的病人」（identified patient），意思就是家裡那個看起來「生病」的人。那些小孩通常承擔、傳達了家庭整體的問題。多數家庭都會有個成員，不知不覺淪為承擔那些症狀的人；換句話說，這個家庭會把病況投射在他身上。那個人，通常是其中一個小孩，會被送來治療。當我們把全家視為一個系統來進行治療時，會去探究那個小孩承擔整個家庭的症狀時，扮演了什麼角色。

拉若是她家中「可辨識的病人」。二年級的時候，她早上醒來會噁心想吐，抱著肚子哭說不要上學。爸媽認為她有社交恐懼，但我和拉若見過面後，對她的恐懼有稍微不同的理解。我知道她是擔心媽媽，因此難以和她分開。不是拉若不想去學校，而是她想留在家裡陪媽媽，她覺得媽媽很痛苦，她要保護媽媽。

和漢娜與傑德第一次諮商時，他們告訴我一件不尋常的驚人之事。他們說，拉若五歲的時候，她的外婆瑪莎向法院提出訴訟，聲稱傑德第一段婚姻的兒子伊森猥褻拉若。伊森當時十四歲。相關單位到家裡調查，但是沒有找到任何性侵害的跡象，於是此案終結。那次之後，瑪莎又對伊森提出至少八次訴訟，每次都進行調查，但是都沒有證據，也沒有起訴。

「我們的家毀了。我們不知道該怎麼辦、該相信誰。」漢娜在第一次諮商時告訴我。「自從那件事情發生後，我沒有一天睡得著。」

傑德看著漢娜，告訴我，伊森是漢娜養大的。傑德的第一任妻子去世時，伊森才七歲，而漢娜和傑德結婚時，已經和伊森親如母子。漢娜愛伊森。

「自從她媽媽指控伊森騷擾拉若，我們的家全都變了。」傑德說。「我們全都互相懷疑，不知道誰在說謊，又該相信誰、保護誰、責怪誰。」

漢娜開始哭。「我不相信伊森會那麼做。」她說：「我真的不相信。我很了解他，我也了解我媽。說到這些事情，她就有點神經質。」

「『這些事情』是什麼？」我問。

傑德伸手握住漢娜的手。她沒回答。

「我們之間的關係因為這個情況變得非常緊張。」他說。「漢娜很痛苦。她責怪自己。」

「你責怪自己什麼？」我問。

「我是她的媽媽。」漢娜一邊說著，一邊啜泣。「我應該要知道真相是什麼。」她從盒裡抽了張面紙，然後看著我。「我不知道，也許我錯了，而我媽是對的；也許真的有那麼恐怖的事就在我面前發生。我不知道怎麼保護女兒。」

沉默良久後，漢娜說：「我發現，也許不能讓我女兒接近的是我媽，我自己的媽媽，這個我愛的人。但為什麼她要怪罪他？為什麼她要那樣？」

漢娜和傑德希望有誰能來告訴他們究竟發生了什麼事情。他們渴望知道真相。

「對於這個情況，拉若知道什麼？她察覺什麼？」我們結束這次諮商前，我問。

傑德看著漢娜，兩人都沉默不語，過了很久。

「大概一年前，我媽來我們家坐坐，她告訴拉若，伊森對她性侵。」漢娜嘆氣。「她告訴拉若，那些年來她一直努力要幫她。『代替她尖叫』，她是這麼說的，但是沒人聽信她。她告訴拉若，千萬不可以和伊森獨處。」

傑德點頭。「從那時候開始，拉若就再也不想上學了。我們心想，她大概變得害怕人群，所以決定帶她來治療。」

第一次諮商結束後，我感覺頭暈、噁心、想吐。我發現這些就是拉若的父母描述拉若的症狀。我很好奇，想要見她。

隔天傑德陪著拉若前來進行第一次諮商。她拉著爸爸的手，長長的黑髮繫成馬尾，沒有看我。

「我喜歡你的諮商室。」她小聲說，看看周圍，臉上露出羞澀的笑容。我打從第一眼就喜歡拉若。

初次諮商，拉若告訴我她的家庭。她描述伊森被控不當觸摸她時，彷彿那沒什麼大不了的。

「我外婆不喜歡我哥哥。」她說。「她可能還恨他，要他去坐牢。」拉若談論這些事，不帶情緒，彷彿完全與她無關。她轉而去看房間角落的小玩偶，問我能不能和它們玩。

每次諮商我們都會邊玩邊聊，如此過了一年。我觀察我們的遊戲，努力聆聽她所告訴我的世界、她的情緒經歷、她的內心脆弱。

既然拉若是否遭到性侵，這件事情並不明確，於是我決定，不把她納入我的研究。因此，當她提議我們扮演小紅帽時，我大吃一驚。

「那是我最喜歡的童話故事。」她微笑。「只是我們的故事裡面沒有大野狼，記得嗎？」

格林兄弟改編《小紅帽》前，這篇童話首見於一六九七年，是夏爾・佩羅（Charles Perrault）的著作。佩羅的故事則改編自民間傳說，而且故事中的小女孩遇到大野狼時，稱牠「大野狼先生」，暗示大野狼代表人類。

在佩羅的版本中，小紅帽抵達外婆家時，大野狼躺在床上，要她脫下衣服一起上床。小紅帽看到大野狼脫光的身體，立刻提高警覺，並說：「外婆，你的手好長啊。」大野狼聽了回答：「這樣更容易抱你。」佩羅版的結局是大野狼吞了小紅帽，並接著一篇短詩說明這篇故事的寓意：男人靠近時，好女孩應該小心。至於大野狼，他又說，大野狼有很多種，而友善的最危險，尤其是在街上跟著年輕女子回家的那種。

佩羅呈現給讀者的是民間傳說稍微修飾過的版本，否則原本的故事情節充滿色誘、強暴、兇殺。佩羅版的大野狼外表友善，實則滿口謊言，假裝要提供特別的東西，並把性慾倒錯（sexual perversion）包裝成愛的形式，傷害了被害人。經過多年，這個故事修飾了更多，性的影射完全去掉，變成了童話故事。

雖然童話故事通常會區分好人與壞人，藉此幫助兒童建構他們的世界，並令他們感覺安全，但是「友善的大野狼」卻讓小孩疑惑，不確定什麼是危險、什麼是安全。於是受虐的兒童最後覺得自己不乖，自己做了錯事。愛與性慾倒錯之間的語言混淆會長久糾纏他們。

「你是小紅帽。」拉若說，並把穿著紅色洋裝的玩偶遞給我。

「她要去拜訪外婆。」她說，然後降低音量：「這個女孩以為外婆是老太太，但其實是大野狼。」

「大野狼？」我重複她的話，想起她曾一再聲明我們的故事裡頭沒有大野狼。

「等一下你就知道了。」她微笑，好像藏了什麼。「你很快就會知道我的意思。外婆有很多祕密。」

但是我們沒有發現外婆的祕密，也沒有去外婆家。拉若反而指示我這個小紅帽，坐在大樹底下等她來接我。

「我很快就會回來。」她話說得堅定。

她轉身背對我，開始自己玩。

我坐在那裡，坐了很久。我知道自己被指派扮演拉若一直在當的女孩，獨自迷失在森林裡，被其他人的祕密給包圍淹沒。

靜靜坐在那裡，等待拉若回來的時候，我感覺就像回到小時候，被留在糖果店，等待爸媽來接我。我的「研究自己」這時登場了，而我意識到自己一直在追尋的東西是什麼。我忽然想起一些我心底其實一直知道的事情。

我當時七歲，比拉若還小，我在離家很遠的地方讀二年級。開學第一週，爸媽告訴我，我們準備搬去新的公寓，離新學校比較近，但是搬家之前，放學後要在糖果店等他們來接我。

每天我都乖乖聽話，走到糖果店，在角落等待。糖果店的老闆叫莫西斯，是個和藹可親的老人，臉上有白白的鬍鬚和大大的笑容。我喜歡他，我相信他也喜歡我，而且我特別喜歡他給的糖果。

小孩子最喜歡糖果了。不過，因為媽媽希望我們飲食健康，所以不准家裡出現糖果。她都給我們吃切好的蘋果和果乾，她說那是「天然的糖果」。

莫西斯第一次給我糖果的時候，我樂翻了，立刻就吃掉。他看著我，笑著說：「我看得出來你真的很愛糖果。」

隔天，他從店鋪後面的冰箱，拿了冰淇淋給我。「你喜歡什麼口味？」他一手拿著一個甜筒：「香草還是巧克力？」

我指著香草那個。

「為什麼我知道你會選這個？」他逗我，然後問我想不想到店鋪後面拿東西。

「我讓你選你喜歡的。」他說。

莫西斯總是面帶笑容，他親你的時候很癢，濕濕的。偶爾他的妻子會來店裡，他會放把小椅子在前面給我，然後無視我，直到妻子離開。

爸爸來接我的時候，莫西斯會告訴他，我是多麼乖巧的女孩，然後揮手跟我們道別：「明天見。」

我喜歡在那裡等爸媽，但久而久之，我開始覺得噁心反胃。

「莫西斯給你太多糖果了。」我母親會說：「所以你才胃痛。」

但那不是原因。我不確定為什麼，我就是知道我不喜歡他緊緊抱著我。儘管如此，我還是喜歡他。

三年級的時候我就不喜歡莫西斯了。我們搬到了新家，我會刻意避開他的店鋪。多年以後，我才能夠拼湊事情的全貌，理解二年級頭幾個月真正發生的事。我從沒告訴任何人，也不是非常確定真有此事，或者這些純粹是我的想像。

佛洛伊德認為記憶是流動的實體，持續變化，並隨著時間遭到重新修改。他將這種動態稱為 *nachträglichkeit*，翻譯為「後遺性」（afterwardness），意思是早期的創傷事件在整個生命過程會被覆上多層新的意義。佛洛伊德特別聚焦在性侵害，認為隨著小孩長大，到達某個發展階段時，這類事件的記憶會被回頭修改。在孩子的記憶中，童年性侵並不總是被當作創傷記住。因為孩子被某種他的大腦無從處理，甚至不能理解的事情給壓倒了。

隨著時間過去，這些創傷經驗會再次經過處理。在每個發展階段，孩子會從不同角度，帶著不同的理解，重訪那次侵害。當那個遭到侵害的孩子長大成為青少年，然後成人，當他第一次發生性行為或生下孩子，當他的孩子長大到他遭人侵害的年紀——每個時刻，侵害都會從略微不同的角度再次經過處理。這段哀悼的過程會持續變化，而時間不必然會使記憶褪色；相反地，記憶會以不同形式一再浮現，帶來既真實，又虛幻的經驗感受。

/

和拉若初次相遇十九年後，我即將和她再次見面。那天是九月中旬陰沉的某天，也是我的生日。

這十九年間，我有了三個孩子。我不再和兒童諮商，現在只看成人。我的諮商室還是在從前那個地區，曼哈頓市中心。

我打開門，看著站在那裡、身材高䠷的年輕女子。我認不得了。

「我長大很多。」她笑了，彷彿會讀心術。「謝謝你那麼快回信，答應見我。」

她坐在沙發，環顧四周。

「我喜歡你的新諮商室。」

我認得她的笑容和她開口會先說的這些話。

「我第一次和你見面的時候，你也這麼說。」我邊說，邊試著從她的外表了解她：黑色T恤、黑色絲質長裙、球鞋、藍色指甲油、長直髮——我記得以前是鬈的。我試著讀出後來這些年發生在她身上的事。她去了哪裡？她快樂嗎？她是否查明了真正發生的事？

「我知道今天是你的生日。」她接著說，出乎我意料。

我點頭，微笑。有些事情沒變，她對我的了解還是超出我所預期。

「別擔心，我不會讀心術。」她又說了這句話，彷彿她真的會。「我在找你的時候，Google 你，維基百科頁面最先跳出來的是你的生日。我很高興你把諮商排在今天，我真的很想給你一份禮物。」

原則上，治療師不接受個案的禮物。治療師和個案的協議非常清楚，不存在治療師與個案以外的關係，不收取依專業服務計時以外的酬勞。精神分析師和個案共同的目標是探索潛意識，因此，理解個案何時帶禮物來、為什麼帶，禮物又代表著什麼意義，是件有趣的事。但是現實當中，沒有什麼比分析禮物更不知感激又不尊重人的舉動了。

拉若打開包包，遞給我一個小玩偶，是穿著紅色洋裝的小女孩，我們的小紅帽。

她再次出乎我意料。

「你還記得嗎？」她問，聲音突然像從前那個小女孩。

「我當然記得。我從沒忘記。」我說。

我們看著彼此，我喜歡她，就像從前那樣喜歡。我好奇她現在為什麼想找我。

「我來找你，因為我需要你的幫助。」我還沒開口，她就回答我要問的問題。

我們從十多年前停止的地方開始。拉若告訴我，她家當時搬回西岸，事發突然，她根本沒有機會道別。

「回想起來，也許我們在逃跑。」她說。「逃離我家所處的不快樂。但是不快樂跟著我們，而且其實還變得更糟。」

拉若的父母，也就是漢娜與傑德，兩人之間的緊張關係逐漸變得無法容忍。四年後，他們離婚。傑德失業，必須搬到丹佛工作。漢娜憂鬱的情況更加嚴重，住進了醫院。拉若發現自己落單，所以十四歲的時候，她得再度搬家，這次去和外婆瑪莎同住。

拉若說著，我感到既悲傷又憂慮。她怎麼會再次搬家，跟父母分開？而且搬去同住的對象，還是讓她五味雜陳的外婆。

「那個時候，情況其實好轉了。」她繼續說：「外婆很棒，我和她住在一起輕鬆很多。我明白為什麼我媽這麼愛她。她照顧我的生活，也理解這種新的情況對我而言有多艱難。她關心我，滿足我的所有需求。我們每個禮拜去醫院探望我媽一次，每個月去找我爸一次。我媽出院後，我一度決定永遠和外婆住在一起。」

我聽著拉若說，想起從前漢娜談起她母親的樣子，護著她。儘管認為母親要為她的家庭破碎負責，她還是愛她，也永遠無法完全怪她。傑德希望漢娜和她母親斷絕來往，她拒絕了。現在拉若談起外婆也表達同樣的感受。她的外婆曾是我們的壞野狼，而現在有些事情改變了。

「我外婆在俄羅斯長大，有八個兄弟姊妹。」拉若告訴我。「她是最小的，也只有她受過教育。她重視教育，鼓勵我去讀研究所。其實她還打算出錢讓我讀博士。」拉若說著，害羞地笑了。「我決定讀心理學。我才剛錄取博士班。」她突然笑開來。「也許我想成為你。我的意思是，小時候，只有來諮商的時候，我不覺得孤單。我覺得你真的想要了解我。」

拉若深深吸一口氣。她的面容疲倦，而我看得出來她多麼努力當個隨和的人、討人喜歡，不要像她的母親那樣憂鬱。她總是配合他人喜好，確定不會帶給別人負擔，並照顧身邊的人。

「你說需要我的幫助。」我的聲音聽起來比平常更溫柔。「拉若，告訴我，你今天為什麼來？」

拉若盯著窗外良久。

「我記得，以前你的諮商室有扇很大的窗戶，面對恩典堂。」她說，依然看著窗外。「對街有家咖啡店，以前每個禮拜諮商結束後，我和我爸會坐在那裡。他會點新鮮的薄荷茶和可頌，我會點長棍麵包，把桌上的巧克力醬都用光。每個禮拜我們都會安靜坐在那裡，吃東西，不看對方。他從不問我諮商如何。也許他太害怕，不想知道。而我只想著媽媽不喜歡我吃的巧克力醬，這樣一來諮商結束也不會那麼痛苦。我不喜歡離別。

「我記得坐在對街，盯著你的大樓門口，希望看到你從那裡走出來，對我揮手。我不希望我離開後你還要見任何人，希望你只為我一人。而且我希望我爸會說些什麼，問我任何事都好，隨便問個問題就夠了，這樣我們就不用沉默坐在那裡。我希望他會問我喜不喜歡抹醬、最喜歡哪種，我會說榛果巧克力。也許我還可以告訴他，我們諮商結束前，剛打包好小紅帽的籃子，而且我在裡面什麼都沒放，只放了不健康的糖果。我希望他會微笑說他知道我喜歡糖果，因為他發現每次諮商結束我都點甜的抹醬。但他什麼都沒問，而我不確定他有沒有注意到我在吃什麼，或任何關於我的事。」

拉若暫停，正眼看著我。

「從我還小的時候，就有很多問題從來沒人問起。沒有大人能夠知道答案。有個祕密，我自己無法解開。」她說，而我知道她在說什麼。

／

拉若和我開始每週見面一次。她從博士班聊起，想找論文題目——她的「研究自己」。她的心靈會帶領我們到達那些從來沒人問起的問題。她的研究問題會從那個黑洞誕生，真相也是。

那天是冬天，拉若帶來一張舊的照片；裡頭的她十三歲，揹著黑色背包。她穿著運動服，對著相機微笑。

「這是在我爸媽離婚前拍的。」她說，而我認得照片裡的女孩，她看起來很像我從前認識的模樣。

「我永遠不會忘記那天：那是我第一次月經來潮的日子。我媽拍了這張照片，然後打電話給外婆，告訴她『大姨媽來了』或類似的搞笑的話。」她暫停。

「我第一次聽到她們吵架，我媽哭了，還對外婆大吼。我聽不到外婆說什麼，但我知道很嚴重。我知道她讓我媽非常不開心，而我感覺很糟。我覺得全都是因為我。」

「就是那次，我記得我直接問：『媽，怎麼了？』

「沒事，是我跟外婆的問題。」我媽說，但我不放棄。『她說什麼？你為什麼哭？』」

漢娜告訴拉若，剛才她的母親要她把拉若剪成短髮。

「我媽那麼跟我說，然後又繼續哭。她覺得對一個女孩做那種事，實在很過分。她覺得太誇張了。她說她在我這個年紀初經來潮，我外婆帶她去理髮店，二話不說把她剪成短髮。她記得看著鏡子，眼淚流下臉頰。『我看起來像個男生。』她哭個不停。

「『她為什麼那麼做？』我問，但我媽沒有回答。我又問了一次。『媽，為什麼你在我這個年紀的時候，外婆那樣對你？』

「『有時候很難理解你的外婆。』我媽回答。『誰知道，她從她的國家、她的童年，帶來奇怪的傳統。』」

拉若和我都不語。我心想她是否和我想著同一件事。她是否發現，外婆想要保護女兒，於是把她的外表變得像個男孩，不讓她像個女孩？外婆當時是否想要保護女兒，而現在則想保護外孫女，避免她們受到性侵？

沒人想知道。沒人開口問。

我保持沉默，問我自己，拉若是否準備好探究她的家族歷史？

我們想不想了解父母的一切，其實難說。事實上，孩子通常不太確定自己想不想知道父母太多事情。他們不想知道父母的性生活，也常避免知道父母過去的私事。

「我需要知道到底發生什麼事。」拉若的語氣堅決，伸手指向照片中的女孩。

照片裡的女孩笑得有些僵硬。

「我外婆，」她說著，摸摸自己的長直髮，「一直非常保護我。她指控伊森侵犯我，但是我爸媽離婚後，那件事情就被人忘了，再也沒人提起，真是奇怪。」

拉若表情嚴肅，她看起來忽然比二十九歲成熟。她瞄了手錶，計算我們諮商還剩多少時間，我知道她需要時間思考她的過去。

「我和外婆住在一起的時候，她會恐嚇我。」她說。「她會不斷叮嚀，要我小心。她會跟我說些奇怪的事，例如，上床要穿內褲，否則蟲子會跑進我的陰道。她會降低音量，我記得聽到的時候感覺一陣噁心。每次她談到我的身體或性，就會降低音量。每次談到性，她的界限就很奇怪。不合宜的事，她說得稀鬆平常；正常的事，又說得好像變態。她小聲說的話讓我覺得骯髒，好像她有什麼暗黑祕密會在晚上出現，但是到了早上，她又會是我親愛的外婆。」

「你十歲的時候，我們扮演小紅帽，你告訴我，故事裡的外婆有很多祕密。你以前說『你以後就會知道』，但我們從來沒有查出那些祕密是什麼。

也許你現在已經準備好，要問我們從沒問過的問題。」

拉若出了趟遠門，去找外婆瑪莎。她想知道瑪莎小時候的事，希望在那裡找到她自己的答案。

瑪莎生長在混亂的家庭，資源貧乏。她的父母一大早就外出工作，三更半夜才回來。她最大的姊姊當時十三歲，是主要照顧她的人。瑪莎告訴拉若，她一直覺得她的母親不想要她；內心深處，她的母親後悔生了這麼多小孩。瑪莎是個害羞的孩子，也是個好學生。她在學校名列前茅，這樣她才會覺得自己是個特別又有價值的人。

瑪莎十歲的時候，某天晚上做了惡夢。她常做惡夢，但她知道不能叫醒父母，否則他們會生氣。於是她鑽進哥哥的床鋪。她的哥哥十五歲，是最聰明的人；他風趣、勇敢，是她最崇拜的哥哥。

他親了她。

從此之後，哥哥每隔幾天就會進去她的床鋪。她假想自己在睡覺，不會發出任何聲音。他會輕輕撫摸她，不會弄痛她。到了早上，他們裝出一副什麼也沒發生的模樣。

就在瑪莎大約十三歲，初經來潮時，她的母親義正詞嚴告訴她，她不該再讓哥哥進去她的床鋪。

「你的意思是她的母親知道？」我忍不住打斷拉若。說起此事，她還是不停顫抖。

拉若點頭。「是的，但她們從沒提起。她從沒告訴任何人。」

未被處理的經驗總會找到門路回到人生，一而再、再而三自行重演。一如記憶受到壓抑時的典型型態，瑪莎被壓抑的記憶又活了起來。這樣的記憶偷偷溜進心裡，由後來的事件點燃，毫無預警。對瑪莎來說，伊森和拉若讓她想起自己和哥哥。兄妹之間的密切關係喚醒她被壓抑的記憶，於是她感覺有必要提供拉若自己從來沒有獲得的保護，成為她自己從前想要的母親。瑪莎要拉若剪成短髮是想保護拉若，就和她在自己女兒漢娜變成女人的時候的做法相同。透過拉若，瑪莎重新經歷自己受到的性侵害，而那個侵害，她從未完全處理。

就我們所知，性侵害是最令人困惑的創傷經驗。性侵害的跨世代面向之所以獨特，在於每個世代都一股腦兒將這個經驗灌注給下個世代，將他們性的創傷強加給下個世代。

下個世代看待性的方式，往往和受害者小時候一樣。小孩感覺被他們家長混亂無章的性觀念與令人困惑的界限給淹沒。如同拉若描述，莫名的小事，例如她睡覺時穿的內褲，都充滿性的意味。試圖釐清自身感覺的成人——在這個案例中就是拉若的外婆——對小孩傳達什麼是安全、什麼是不安全的時候，結果往往造成混淆。原本對於天真無邪與性慾倒錯的混淆，出現在下個世代身上，此時誘姦、濫交、禁忌行為全都混在一起。下個世代談起「長大」的時候，通常帶有一種隱隱約約違反規定的感覺；要到後來接受治療，發覺家族歷史中有過破壞界限的性侵害經驗時，才會明白這樣的感覺與之有關。

茱蒂絲・阿爾珀特博士（Judith Alpert）在她的文章〈經久不衰的母親，經久不衰的知識：論強暴與歷史〉（Enduring Mothers, Enduring Knowledge: On Rape and History）描述性侵害如何自行出現在下個世代心中。她利用自己的兒時經驗，探討創傷的想法與「記憶」是以什麼方式，從祖父母和父母傳遞下去，出現在孩子心中，彷彿是孩子自己的一樣。這種情況會讓包括小孩和照顧者在內的每個人都混淆困惑，而這種混淆困惑正是性侵害的核心。如同拉若的案例，我們的挑戰在於必須清楚意識到，外婆、母親、孩子這每個世代既是性侵的受害者，也是繼承跨世代性侵的受害者。

瑪莎重新經歷自己未經處理的創傷，認定拉若的哥哥性侵拉若，因而重創拉若的家庭。拉若逐漸招架不住，彷彿她也重新經歷外婆壓抑的感受。這個家庭不斷反芻這個經驗，加上過早的性教育，拉若感到身體遭受侵犯，因此性侵的場面重新上演。

「上個禮拜我坐在外婆身邊，聽她說小時候的事，我哭了，但她沒哭。」拉若說，同時流下眼淚。「我試著像你聆聽我那樣聆聽她，並幫助她知道，她可以全部告訴我，我不會批評她，我真的想認識她。」

「她一度停下來，說她不想再談這件事了。但她繼續說，而我靜靜聽。她開始責怪自己，說是她先進去哥哥的床鋪。然後她開始質疑自己的記憶，又說其實那件事不如聽起來糟糕；當時的環境不同。

「我們去睡覺前，她泡了杯茶給我，還切了一塊她為我烤的巧克力蛋糕。

「『我知道你有多愛吃巧克力。』我外婆這麼說，然後擁抱我，接著雙手搭著我的肩膀，確定我看著她。『拉若，不要把我的問題擔在自己身上，』她說，『我不希望你因為我發生了壞事而難過，還有更壞的事呢。人生就是這樣，我的沒什麼特別。』

「『外婆，你竟然必須保守祕密這麼多年。』我說，同時用盡全身的力氣擁抱她，但她只是一直點頭。『我沒有保守祕密，那只是一件我沒有老是想起的事。祕密會自己保守祕密。』」

「我覺得找到我的『研究自己』了。」拉若邊擦眼淚，邊告訴我。

她會繼續研究亂倫與性侵對下一代造成的折磨與迷惑，那些面向不容易研究，因為那些面向是看似不理性、難以理解、沒有條理的經驗，然而，拉若在童年卻全都親身經歷過。我們倆都同意，面對這種一代一代之間的經驗傳遞，唯一的方法就是處理那些經驗，同時也幫助他人處理、承認那些經驗。當我們打開燈之後，惡魔往往就會消失無蹤。

第 3 章
爸爸緊握了一輩子的花瓶

「我被詛咒了。」李奧納多小聲地說，直盯著我。「你知道我的意思嗎？」他接著斬釘截鐵自己回答：「你知道我的意思，你當然知道。」

兩年前，李奧納多跟伴侶米洛分手後，開始來見我。第一個月，他哭個不停。他說雖然知道自己和米洛不合，還是心痛得無法忍受。

兩年過了，他的痛苦沒有減少，還是覺得全身無力、悵然若失。他告訴我，他無法去認識其他人，也害怕自己會永遠這麼傷心。

「不知怎的，我動彈不得。」他說，而我們倆都同意，在這個節骨眼上，他的悲傷好像已經不只和米洛有關。我們試著了解在關係結束後，他失去的是什麼。

分離是情感的死亡，而我們必須為之哀悼。分手的時候，我們失去的不只是所愛的人，我們還失去了生活、未來，失去我們夢想與希求的一切。雖然我們知道自己失去了「誰」，但我們可能並不了解自己失去了「什麼」。

李奧納多和我試著找出，讓他不斷悲傷的是什麼。

「我想向前邁進。」他說。「米洛和我只交往一年，但我已經難過了兩年。」他很煩躁。「我希望你能重灌我的大腦，刪掉我的記憶，讓我忘掉過去，向前邁進。」

我能理解持續的傷痛讓他希望能夠抹煞過去，永不回頭；他覺得過去像鬼魂一樣糾纏他。但對我們兩人來說，原因還不清楚。

「我已經不愛米洛了，但是，我還是覺得我失去某個部分，而現在，我必須像缺了什麼一樣繼續生活。很痛！」他說。「人怎麼可能從失落中恢復，又不覺得他們的某個部分永遠沒了？他們當真完全恢復？」他問，直搗傷痛的謎團。

佛洛伊德架構他對失落的想法時，來來回回，反反覆覆。他不斷探究的問題是，人們對於所愛的人可以放手到什麼程度，或者他們的某個部分永遠和心愛的對象保持連結。

佛洛伊德的想法其實深受自己影響，他想要理解自己的悲慟。他曾痛失所愛，包括女兒蘇菲死於西班牙流感的併發症，以及四歲半的外孫海涅爾令人心碎的離世。根據他傳記作者的描述，外孫逝世是他人生唯一掉過眼淚，並表示自己心情憂鬱的時候。

起初，佛洛伊德解釋，悲慟的過程就是放手，並與失去的人切斷連結。根據那個觀點，一個健康的過程就是活著的驅力大於想和逝者重逢的希望（我們稱為「死亡衝動」），於是我們慢慢抽離，並中斷我們的「能量投注」，即耗費在失去的人身上的能量。

後來，佛洛伊德繼續發展想法，區分哀悼（mourning）與抑鬱（melancholia）。他描述人在哀悼的時候，會感覺世界可憐又空虛，然而人在抑鬱的時候，則會感覺自己可憐又空虛。他會失去對外在世界的興趣，失去愛的能力，自尊也連帶消失。根據佛洛伊德，那樣的抑鬱是一種潛意識的過程，抑鬱的人並不是中斷、收回對逝者的情感投入，而是藉由將自己等同逝者，在心中保存、維持逝者的生命。如果那個人是我，我是那個人，就沒有所謂的失去。只要繼續把逝者關在心裡，就能否認失去，但同時，抑鬱的人也永遠不得自由。結果就是，他對自己生命與活力所投入的某些部分也將隨之消逝。

雖然佛洛伊德定義哀悼與抑鬱為兩個相反的範疇，然而現實中，在不同人身上，這兩種情況會以不同的方式出現。哀悼的過程有多個層次，而且某個程度來說，我們會將自己等同我們失去的人，無論生離或死別。就像李奧納多，許多人覺得自己的一部分隨著所愛的人走了；許多人覺得他們和逝者一起死了，而抑鬱使他們等同失去的人，令他們飽受折磨。

佛洛伊德和後人一直試著探究，健康的哀悼是什麼？我們對於所愛的人，又真的能放手到什麼程度？

一九二九年，佛洛伊德寫信給瑞士的精神病學家路德維希·賓斯萬格

（Ludwig Binswanger，他也是存在主義精神分析學派的開創者）：

我們知道，經歷重大的失去之後，我們感受到的強烈憂傷會自然結束，但痛不欲生的感覺會一直存在，而且對於我們所失去的，沒有什麼可以取而代之。無論我們找了什麼來填補缺口，即使可以完全填補，那失缺之處依然是不一樣的東西。但其實，事情本該如此。因為那是唯一的方法，能永遠延續我們不想放手的愛。

這裡，佛洛伊德強調，過世的親友永遠都在，即使我們慢慢填補他或她的空位亦然。雖然我們的某些部分會向前邁進，但較隱密的另一些部分卻還是「不一樣的東西」，忠於我們愛的人，並與之連結。

隨著生活繼續，我們將反覆回顧那些別離與失去。我們每次都從不同的地方，一而再、再而三哀悼它們。我們想著它們，發現新的層次，從不同的角度加以處理；我們接受它們，賦予這些失落新的意義。

分離的過程中，必須慢慢放開對另一個人的依附。很多時候，我們無法完全理解失去了什麼，因此也無法放手，這就是所謂「抑鬱的悲慟」。李奧納多和我都想知道，他是如何為了某個他依然不能完全理解或辨認的東西悲慟。如果不知道失去了什麼，如何能為之傷心難過？但是缺少哀悼的過程，人的生命就會被死亡囚禁。

/

「你知道我一直跟你說，我覺得自己被人詛咒？」李奧納多再次前來諮商的時候心煩意亂。「現在連米洛都追到我的夢裡來。」

他告訴我，他又夢到米洛。在夢裡，米洛敲著浴室的門，叫他的名字。

「我連這個夢是什麼意思都不知道。」李奧納多說。「他敲著那扇門，意志堅決，逼我開門。」這回他聽起來怒氣沖沖：「他要逼我出來。」

「出來（come out，編按：出櫃之意）。」我重複他的詞，我們兩人都知道那個詞和同性戀的聯想。

「你知道的，在我家，同性戀根本沒什麼好大驚小怪。我一直覺得我沒帶女生回家，我媽其實很高興，而我爸，直到走的那天，都很贊同。他說只要我快樂，那才重要。」李奧納多想了一下，又說：「我真心覺得那是因為他爸爸在他小時候自殺。他只希望我快樂，他害怕傷心難過。」

我知道他指的是什麼。李奧納多的祖父在父親吉姆小的時候自殺。祖父在四十歲生日的前幾天，把自己鎖在浴室上吊。他九歲的兒子吉姆敲門，接著哭著跑去找媽媽，媽媽發現時，已經太遲了。

「好幾年來，這是我的家族祕密。」李奧納多說。「我的祖母從不告訴別人真相，只說他猝死。如果有人追問，她會說謊，說他在浴室裡頭心臟病發溺死了。他們覺得非常丟臉，好像是什麼家醜一樣。」

「好沉重的祕密。」我說，李奧納多點點頭。「你覺得這個夢代表什麼？」他問我。

「在你的夢裡，敲門的是米洛。」我說。

李奧納多看起來有點不解。「是的，他求我開門，完全就像我想像我爸小時候那樣。真奇怪，你覺得那是什麼？我和米洛分手，和我祖父的死有什麼關連？」

我還不知道答案，但我有同感，認為在這個夢中，米洛取代他的父親，敲著浴室的門。我請他繼續說。

「我認為我爸在內心深處知道他的父親不快樂，不想活。」李奧納多說。「我不是在說他覺得祖父會自我了斷，但事實是，多年來，我爸感到非常罪惡，好像自己本來可以救他一樣。他告訴我那個故事非常多次，即使在他生命最後幾年，他還是會說。我爸不像我祖母，或許是看到她拚命隱瞞，所以想和她作對，我爸拒絕把這件事當成祕密。我想我大概在五歲的時候問他，他的爸爸是怎麼去世的，他就告訴我事實了。我猜他不想讓我帶著祕密長大。」

「你可以再說一次那個故事嗎？」我問。「告訴我你爸對於祖父自殺那天的記憶。」

「我爸告訴我們這個故事非常多次，所以在我腦中已經形成一個景象，好像我在看一場電影。」他說。「我想像他用力捶門，叫著父親的名字，求他開門。然後我看到他晚上把臉埋進枕頭裡哭，責怪自己沒有救父親一命：要是他再強壯一點，就可以破門而入，或者要是他的父親夠愛他，就不會離開他了。」

李奧納多的眼睛滿是淚水。「這件事情蠻極端的，」他說：「選在這個時候自殺，家裡有三個年幼的小孩。我不知道。我想同情祖父，但其實我多半是氣他。」

自殺，尤其為人父母自殺，對遺族有嚴重影響。下一代會陷入衝突的感受，崩潰、憂傷、憤怒、羞恥等。自殺事件留給他們莫大的罪惡感，以致為了調適，他們將之向外投射。無法忍受的罪惡感會轉為歸咎與質問——是誰的錯——藉此獲得宣洩的出口。

傳統上將自殺解釋為，原本朝著他人的殺人衝動改變了方向，指向自己。這種毀滅的行動成為重擔，傳遞給後代，於是他們將會一直抓著自殺的鬼魂。靈魂的陰暗面將帶著過去埋藏的祕密，連同後代自身的自殺欲望，令他們備受煎熬。他們許多人會過度關注他人的福祉，藉此補償未經處理的罪惡感。他們可能幻想著，雖然沒能拯救自殺的那個人，但可以拯救其他人。

自殺也會成為家族的祕密，而裡頭常常充斥著沒有得到回答的問題。

我說出心裡的話：「你祖父的死，背後有什麼故事？他為什麼那麼做？」

「我常問自己這個問題。」李奧納多回答。「我來告訴你我腦中最瘋狂的理論。」他這麼說，卻又停頓，陷入漫長的沉默。

「感覺你好像有什麼祕密。」我說。

李奧納多微笑，「我不會說那是祕密，但那是我以前會和米洛說著玩的話，我一直都有個誇張的想法，就是祖父其實是同性戀。家族隱瞞的，其實不是他自殺的事，而是他的性傾向。」

李奧納多走了，留給我一種感覺，真相層層堆疊，深藏不露；他的家族歷史中未說出的事實，以及他藏在心中的認同——這份認同既是對於祖父，也是對於他相信導致祖父自殺的那個關鍵。這份藏在心底的認同交付給李奧納多一項潛意識的任務，而這項任務的內容可以從他的夢中窺見——解放這個家族，遠離羞恥，也遠離自我毀滅的命運。

接下來的諮商，李奧納多和我深入他的家族歷史，想要探索他和祖父祕密的關連：死去的祖父活在他的體內，而李奧納多需要幫助他與整個家族度過某個難關。

/

雖然有待解答的問題很多，但我發現，我們越是討論他祖父的性傾向，米洛占據他心中的位置越少。隨著時間經過，李奧納多憂鬱的症狀慢慢消散，他堅信已經發現了家族祕密，決定是時候詢問家人了。

「我不想覺得自己的腦袋有問題，才編了這一大堆關於我家的理論。」某天早上他告訴我，在他表哥婚禮的前一天，他決定問姑姑。

「我整個家族都在那裡，兩個姑姑，就是我爸的妹妹，還有她們的子女。我很喜歡我的家人，見到他們很高興，而且你知道嗎，我愛婚禮。」他笑著。「天長地久、至死不渝，那種感動是不是很浪漫？」李奧納多嘻嘻哈哈，而我看見他對浪漫和死亡的幻想。

「我姑姑和祖母很親，我發現這是個大好機會，查出祖父自殺前幾年的事，什麼是我腦袋想的、什麼是真的。我告訴你，好消息是，我的腦袋沒問題；壞消息是，真相比我想像得還糟。

「典禮之後，我其中一個姑姑哭著來找我，說我爸沒能活著和我們一起慶祝，她很傷心，她說自己整晚都想著他。我趁機問她，她自己的父親沒能活著看見她的孩子和孫子，是不是也很傷心？

「『願他安息。』她回答：『我當時還是嬰兒。我不知道有爸爸陪著長大是什麼樣子。你知道嗎，你的父親，也就是我的哥哥，對我來說就像父親。』

「然後我直截了當問她，『祖父為什麼自殺，你知道嗎？』我姑姑毫不遲疑。『李奧，那個年代不同。當時鬧得很大，他不能過他想要的生活，像你一樣。』

「我很高興你和我之前討論了很久。」李奧納多對我說。「因為我很快就懂她是什麼意思了。剛聽她說的時候，我很不高興，因為我以為她的意思是現在同志可以自由做自己，那當然完全不正確。我想那麼說的時候，她打斷了我。

「『他有個祕密，後來被我的母親發現。她懷我的時候，發現他以前會和男人發生關係。我母親從沒說過那是怎麼曝光的，我只知道有件醜聞。幾個月後我出生了，然後我的父親自殺。』」

李奧納多暫停了一下。「你相信嗎？」他問。「我的直覺反應是鬆了口氣。我心想『謝謝老天，不是我的腦袋有問題』，但我接著想，『喔，我的天啊，我可憐的祖父，多麼悲慘』，我姑姑說他以前會和男人發生關係，我聽了就生氣。多瞧不起人，好像他不是有血有肉、完整的人。」

李奧納多又暫停說話。他沒看我，我們安靜坐了好一會兒，他才繼續。

「我現在了解，為什麼我爸一定要我知道，他接受我是同志。我一直覺得和他父親自殺有關，但我不知道是什麼關連。我再告訴你，我認為祖父自殺的原因，就是他愛上了某個男人。我猜他和某人正在交往，但他被迫結束那段關係。家裡順水推舟，把這件事說得好像只是關於性，聽起來很髒，這樣他們就能把它說成壞事。但那是關於他的認同，關於愛與失去，你懂嗎？」

李奧納多抬起頭，看著我。我注意到他眼中的淚水。

「那就是我的夢。」他說：「我的祖父因為分手，快要難過死了，而我爸想要救他的父親。」

「從你祖父不能好好哀悼的死亡中把他救出來。」我說。

哲學家茱蒂絲・巴特勒（Judith Butler）描述「可悲慟性」（grievability）的概念，意思是有些事物、生命、關係被認為無足輕重，因此即使失去了，失落的感受也不會那麼強烈。只有被文化認定為有價值的生命才值得悲慟，而有些生命，有些愛，有些種族、性取向、身分認同，則被認為不太重要，甚至根本不被視為生命。巴特勒寫道：「一個生命之所以重要，其前提是可悲慟性。」

不被認為存在的東西，則無從為之悲慟。當愛不被承認為愛，就無法悲慟，所以人就無所適從、痛不欲生。

如同李奧納多的案例，無法被好好哀悼的失落，會以未經處理的形式住在下一代的潛意識裡。下一代得去處理從前那些並不完全屬於他們的失落，並哀悼以往無法為之悲慟的事情。

李奧納多和我開始拼湊他失去米洛這件事背後更大的脈絡：他的祖父因為同性戀和身分認同而感到痛苦；他失去禁忌的愛，卻無法為之哀悼；他自殺，留下一個受到重創的小男孩吉姆。吉姆相信如果爸爸夠愛他，就不會離開他。

未處理的失落層層相疊，一個已知的祕密保護著另一個祕密，而且是不被允許的祕密。

多年來，李奧納多的父親一直保存自己為爸爸做的生日禮物，生日就在爸爸自殺後幾天。他做了一個小小的陶瓷花瓶，徒勞地希望讓爸爸快樂一天，讓他能繼續活著。吉姆小的時候緊握著這個花瓶，之後緊握了一輩子。吉姆死了以後，李奧納多繼承了這個花瓶，把它放在衣櫃的架上。

但他繼承的，不只是花瓶。在他的衣櫃裡，還有老一輩的創傷和失落，而這些未經處理的失落被放在裡面，宛如一個象徵——和他自己的東西住在一起，直到難以分辨什麼是他的、什麼不是。

李奧納多拿起包包。「說到底，也許我沒被詛咒。」他一邊走向門口，一邊說：「也許這只是個傷心的故事，但有個充滿希望的結局。」

/

再次諮商時，他滿面春風走了進來。「我上個禮拜很好，甚至認識新的對象。」他說：「我覺得受到鼓舞。」

他打開包包。「而且，我帶了一個東西來給你看。」他拿出一個被報紙層層包裹的小盒子。「我一定要讓你看看這個東西有多棒。」

打開來，是一個小小的藍色陶瓷花瓶：他父親的花瓶。

「這麼多年來，」李奧納多說，「我想像我爸是個小孩，手裡握著給他父親的生日禮物。這是他在學校做的，用他父親最喜歡的顏色，藍色。小的時候，我看過那個禮物非常多次，爸爸死後，我把它放在衣櫃裡。」

李奧納多頓了頓，吐了一口長長的氣。「直到我們上一次諮商，」他說：「我才發現我都拿它來做什麼。」

他把花瓶遞給我，我瞄了裡面，看到三個不成對的袖扣。

我看著李奧納多，有些不解。

他解釋，每當袖扣的另一半不見的時候，他就把它收進這裡。

我們看著彼此，李奧納多聳肩、微笑。「這麼多年，它們都在等待心愛的人回來。」

第4章 夢裡，抱著孩子拚命奔逃

在以色列，納粹大屠殺的悼念日稱為 *Yom Ha'Shoah**，是國定假日。

每年四月中，所有人都會默哀兩分鐘。上午十點不到，孩子們都在校園圍成一圈，等待空襲警報的聲音，預示默哀即將開始。所有人，無論正在做什麼，都會停下。行人停下腳步，餐廳裡的人停止用餐，起身站立。最繁忙的高速公路上，所有車輛都靠邊停，人們下車，立正站好。這是紀念六百萬人在納粹大屠殺受難的時刻。

從小我們就知道，可怕的事會發生在人們身上。這並不是意見表述，而是事實，是我們的生活日常，就像食物裡加辣椒一樣。幾乎每棟公寓都會有人來自「那裡」，就是二次大戰的歐洲，他們是大屠殺的生還者。我們通常知道那些人是誰，即使我們不知道他們的過去，即使我們沒看過刺在他們手上的號碼，即使我們往往很怕他們。知道他們經歷的事，我們會崩潰。

在校園，警報開始的時候，我們不看別人的眼睛，而是學老師把頭低下。我們非常努力保持嚴肅、感覺傷心，想著那些集中營、毒氣室，想像我們自己的家人在那裡。我們學到，重要的是永不忘記，但無論我們再怎麼努力，總有一兩個小孩聽到警報就偷笑，於是我們會摀住臉，試著不要笑出來。

大屠殺紀念日的警報中出現緊張的笑聲，是許多在以色列長大的人的童年回憶。可怕的故事形塑了部分的國家認同，同時，特殊形式的黑色幽默則代表著較年輕的世代。

幾年後，在紐約這個離家鄉很遠的地方，我很驚訝，我有許多個案是大屠殺生還者的第二、第三代。這些表現好、成功、生產力高的人士都有一些

---

*編按：此為希伯來文，意思是「浩劫與英勇精神的悼念日」；時間通常落在四月，偶爾也會是五月初。

共同點：遭受迫害的歷史會化作鬼魅，以不可預期的方式，出其不意地擅自出現。在心底，這些第二、第三代背負著倖存者的創傷和罪惡感。

我從小就知道，即使這些人的父母從沒說過戰爭期間家裡的人發生什麼事，大屠殺的情景和幻想依舊是他們心中的常客。即使他們沒有意識到，大屠殺的記憶仍然活在他們心中，而且那些侵入內心的思緒和情景常被當成無關緊要的事，有時治療持續了好幾年，我才聽個案說起。

他們說出那些故事後，我們才發現，那段歷史其實形塑他們現在的生活。我們找出過去的事件如何持續到現在，以及他們如何經歷、再經歷家人未說的故事。

/

瑞秋的祖父是大屠殺的生還者。我們第一次諮商時，我問起她的家族歷史，她簡短提及此事，但她不覺得這和現在的生活有關。那絕對不是她來諮商的原因。

「從此之後，我家發生了很多事。很多很多好事。就是這樣。」瑞秋微笑並道歉：「每個家庭都承受某些創傷。這是我們的故事，而且是很久以前的事。二次大戰距離現在多久了？」她看著我，立刻回答，「超過七十年了吧，我想。很久了。我的祖父母都已經過世。」

瑞秋的外祖父出生在布達佩斯，並從奧許維茲集中營生還。二次大戰結束時，他移民到美國，在這裡遇到瑞秋的外祖母。瑞秋的外祖母來自猶太家庭，戰爭爆發後逃出歐洲。他們兩人相愛，一年後，瑞秋的母親出生，也是他們的獨生女。她的外祖父從沒談過戰爭期間發生什麼事，而瑞秋的母親描述自己的童年就是一般美國郊區的童年。

表面上，當她的外祖父離開歐洲，把過去拋在腦後，他們家庭的創傷就結束了。瑞秋來治療，是要談別的問題，談她對生小孩的矛盾感受，這個話題也是她和丈夫馬克關係緊張的源頭。

對於個案的人生抉擇，我一直都很好奇——關於性、交往、家庭、事業，他們選擇要或不要的背後理由是什麼。隨著個案侃侃而談，他們想要擁有什麼，以及他們承不承受得起，兩者之間的差距會變得明顯。為什麼這麼多人想要愛卻找不到？想要某個事業卻不能成功？想繼續前進，卻一而再、再而三地困在同樣的循環裡？

人們擁有他們自認想要的東西之後，卻無法處理或容忍那些東西，這種情況並不少見。在想要或不想要的衝動底下，通常還有另一個層面牽引著我們的生活。我們心中有些未被看見、無意識的部分，可能與我們有意識的目標背道而馳，甚至會攻擊、破壞這些目標。事實上，如同海面下的激流是大海最強大的一種力量，關於自己，我們並未意識到的每件事情，都有控制我們、主導我們人生的力量。

面對改變時，我們感受到的衝突特別強烈。在賺錢、就業、生兒育女的願望背後，我們可能會發現，我們其實抗拒改變，我們對於長大其實感到矛盾，並因為分離與失去而感到痛苦。我們可能想要談感情，同時又抵抗或拒絕這樣的關係，因為我們必須保護自己，不讓自己容易受傷、被人拋棄、失控或痴迷。有些人不自覺地對原生家庭忠心耿耿，尤其當他們認為自己的家庭比其他家庭優越的時候；如此一來，他們便很難歸屬於其他任何人。也有些人認為父母是他們的責任，因此與父母分開或離開父母，會令他們焦慮。他們維持童年的家庭架構，擔心自己在家裡的位置有所改變，並忠於家族的神話和傳承。

改變，是稍微揮別我們的過去：我們的童年、家庭角色、已知的自己。相對於珍惜過去，發展、創造代表著分離與放眼未來。未經處理的過去會阻止我們繼續向前，也會像家族歷史的守衛一樣阻擋我們。

追尋真相的同時，瑞秋也探問自己進退兩難的困境。她想知道自己究竟是誰，牽引她人生的那股隱藏力量是什麼。我們想要知道，她對於生小孩的感受，哪些部分是發自內心，哪些又是出於防衛。身為心理治療師，我們談到生小孩的主題時必須非常小心，避免將社會規範與心理目標混為一談。我們要做的是讓人自己作主。選擇的自由即是心理治療的成就。

「我為什麼要把一個小孩帶到這個世界來？」瑞秋說著我沒有問的問題，朝著這個深沉的困境邁進，而我們要到後來才能看清楚這個困境的全貌。

談到此刻，看起來似乎是瑞秋和先生在爭論要不要有小孩。馬克認為他們應該有個小孩，但瑞秋感到遲疑、困惑，內心矛盾。然而不消多久，瑞秋的內在衝突便自行浮現，讓事態變得明朗，其實正反的聲音都來自她內心，她正在和自己爭論。生或不生？

瑞秋談到自己的害怕。「把小孩生到這麼糟糕的世界，」她扯開喉嚨說：「說真的，我能跟小孩保證什麼？一個戰爭的世界？會被摧毀的星球？種族歧視、仇恨與暴力？我的小孩能跟『他們的』小孩保證什麼？有這麼多小孩過得如此悲慘，還認為這個宇宙需要更多小孩，真是太自私了。」

她告訴我，她計畫離開紐約，搬到不同國家。她認為也許和馬克去其他地方會更快樂。

「你們想搬去哪裡？」我問。

「以色列。」她立刻回答。我必定一臉驚訝，因為她接著說，「我知道你來自那裡，但我想搬去那裡不是因為你。我一直想住在以色列，從小就是。我也不知道為什麼。」

瑞秋告訴我，我拋在背後的家鄉是她想像中的樂土。

「如果我有小孩，我想住在那裡。你知道在以色列，每個小孩都要學習納粹大屠殺的事嗎？」她問。

我沉默片刻，想起學校校園，以及我們如何全都站在那裡等待警報。我記得大屠殺的生還者來到我們班上，當時我二年級。她告訴我們她小時候的事。她在我們這個年紀，光著雙腳在雪地走上數個小時。每次有人抱怨很冷的時候，我們就會說起這個故事。

「你活不過大屠殺。」我們會互相嘲笑。

我記得五年級下課的時候，同學做了一張清單，列出人們躲藏納粹的地點。我們討論可以躲在哪裡，而我會想起很多故事，像是關於某個母親設法讓寶寶安靜，以免暴露藏身地點。那天晚上我睡不著覺，我想像納粹來我們公寓的時候，我那還是嬰兒的弟弟哭了。隔天，我決定和他一起練習躲藏。我打包他的奶嘴和一些嬰兒玩具，然後帶他一起躲進臥房的衣櫃。我們待在那裡，時間感覺似乎很漫長。每次我聽見聲音，就要他安靜，確定他沒有暴露我們的藏身之處。我聽到媽媽來了，便跑出來，把他放回嬰兒床。這個祕密，直到多年後弟弟長大成人，我才告訴他。

我們的惡夢裡頭總是有納粹，而且小的時候，我們很怕壞人會找到我們，把我們殺掉。

「是的，在以色列，每個小孩都知道大屠殺。」我對瑞秋說：「你希望你小的時候也知道嗎？」

「是的，我真心希望。小的時候我聽說過，但我不知道人們的生活和個人求生的故事。當時我沒看過那些穿著條紋囚服的小孩照片，很多年後才看到。我只知道我家在歐洲發生過不好的事。」

瑞秋的家族想保護小孩，不讓他們承受自己過去的創傷，所以從沒提過這些事。瑞秋只知道發生過極壞的事，但不知道詳細內容。她有種不好的感覺，但是說不上來。瑞秋希望有個家族故事可以訴說，或是有某個具體圖像，幫助她知道什麼是真的，什麼只存在於她的想像之中。

有個重要的問題浮上了檯面：創傷生還者的下一代最好知道，還是不知道呢？假設我們祖先的創傷無論如何還是潛進了我們內心，知不知道真的重要嗎？

許多父母心中充滿這個兩難，他們擔心自己吃過的苦會影響孩子，因此設法將傷害降到最低。父母想要保護孩子，不讓孩子承受他們的傷痛，而孩子也想要保護父母，不讓他們必須坦白，也避免他們重新經歷創傷。親子之間這個無意識的共謀是為了避免傷痛，有助於壓抑這些經驗，直到後來變成不曾言說的祕密。

創傷事件的描述通常令人難以承受，而且可能造成「替代性創傷」（secondary trauma），也就是當我們暴露在他人的創傷之中，出現痛苦的情緒。令人不安的敘述或影像彷彿嚴刑一般，重演創傷事件，讓沒有直接經歷的人也心靈受創。

在以色列，生還者並不談論大屠殺，因為生還者的身分代表羞恥。直到多年以後，談論納粹大屠殺才變成正常，並內化為文化的一部分。但是，以色列的孩子在那麼小的年紀就暴露在恐怖之中，儘管用意是教育他們，仍會在他們心中留下陰影。在他們並沒有完全意識到的情況下，經歷、再經歷了大屠殺的歷史。

悼念並重演苦難是猶太傳統的一部分，由許多儀式貫穿，例如在逾越節，奴役和解放的「記憶」會透過我們的感官和行為重生。重演創傷，過去與未來於是相連，我們的歷史與我們的命運也得以彼此連結；而被動的受害者得以轉變為主動的行為者，受難者也能轉化為勝利者。

以色列在大屠殺三年之後就建國，國家認同奠基在猶太人遭到迫害這個仍未平息的創傷，以及為猶太人建立安全家園的這個夢想。我在第七章花了很長的篇幅探討，那樣將被動轉為主動的動態過程，目的在於將人們從受害者的失敗與無助之中解放出來，同時又否認他們自身的攻擊性。

悼念創傷的兩難在於，人們需要向受難者致敬，並珍視這個身分認同與其歷史遺產，同時試圖防範罪行再度發生；但這麼一來又會把過去、現在、未來全都綁在一起，並呼喚下一代對上一代產生認同，因而與前人的創傷和失去糾纏在一起。

關於談論創傷，我們總是走在一條細微的線上，介於太多與不夠之間，介於太直接與太隱晦之間，也介於太猛烈與太壓抑之間——以致創傷仍停留在原始、無語的形式。我們通常被兩個極端給困住，因為面對創傷，規則永遠是個挑戰。

瑞秋告訴我，她希望知道更多。她的家族故事被封口，而她未處理的家族創傷成為被壓抑的祕密，沒有文字或足以象徵的想法。那樣的祕密像個陌生人，活在我們心中，我們卻無法辨認、觸摸、改變；它會像幽靈般地傳給下一代，感覺得到卻認不出來。

「小時候，我什麼都怕。」瑞秋說，接著停頓良久。

「你知道嗎，六歲的時候，我會在枕頭底下藏一把刀。」她輕輕地說：「我的爸媽不知道這件事情，那是我的祕密。我記得第一次那麼做的時候；那是在半夜，大家都睡了。我去廚房，打開抽屜，找了一把橘色的刀，拿回房間。」

「你怕什麼？」我問。

「那天晚上我做了惡夢驚醒。在夢中，我抱著一個嬰兒，有人在追我們。我要保護那個嬰兒，所以把他抱在懷裡狂奔。」她看著我，又說：「我記得非常清楚，因為從那一天晚上開始，我幾乎每天都會做同樣的夢，持續好幾年。」

「你和那個嬰兒躲起來了嗎？」我想起自己和年幼的弟弟躲起來的事。

「沒有，我找不到地方躲，只能一直跑。沒有藏身之處，沒有我覺得安全的地方。」

我想像瑞秋懷裡抱著小孩，拚了命地跑。她開始重複做這個夢的時候只是個小孩。我們談著談著，許多問題陸續浮現：那個嬰兒是誰？是感覺世界不安全的瑞秋自己嗎？她為了什麼而逃？

沒有藏身之處，嬰兒在那個世界很不安全。

我請她告訴我，訴說這個夢的時候，想到的任何事情。

「納粹。」她點點頭。「那是我唯一想到的事。也許我在布達佩斯，躲避納粹。每晚我都帶著橘色的刀睡覺。每天早上，我會把刀藏進書桌，上床睡覺前又放回枕頭底下。我從沒告訴任何人這件事，直到現在。」

「那個時候，你覺得不安全，而現在，你怕把小孩生到這個不安全的世界。你不希望那個小孩的感受和你小時候一樣。」我說。

「我希望我的小孩什麼事情都能告訴我。如果他很害怕，我想緊緊抱著他，讓他感覺安全。」

瑞秋開始想像她自己的小孩。小時候害怕的事講得越多，她越清楚自己為什麼不能承受生小孩的想法，因為她認為小孩會經歷和她一樣的人生。不把他生下來，是她保護那個小孩的方式。

瑞秋嘆氣。「我得隱藏我的慌張。我不能告訴任何人，我不想讓他們覺得我有什麼問題。我小時候最大的祕密就是我的恐懼。」

好多年來，瑞秋感覺自己彷彿背負一個禁忌的祕密，但是也許，她的祕密能夠保守其他人的祕密。我說出我的想法。

「你外公的祕密是什麼？」我問。

瑞秋沒有回答，她表情嚴肅地看著我。

「誰知道。」她輕聲說。

/

幾個月後，瑞秋懷孕了。她生了一個女兒，她和丈夫取名為茹絲。

她帶著茹絲來我諮商室的時候，我很興奮。小寶寶非常可愛。茹絲看著我，笑了。

「你當然會笑。」瑞秋抱著寶寶，語氣溫柔：「你在我肚子裡的時候就記得她的聲音了。」她指著我。「是呀，你知道嗎，媽咪有她幫忙才懷上你。因為她我才知道，我可以為我懷裡的寶寶創造一個安全的泡泡。」

瑞秋把茹絲摟在胸前，而茹絲睡著了。她告訴我，寶寶的名字是她媽媽選的。瑞秋的媽媽告訴她和馬克，這是瑞秋出生時，她想為瑞秋取的名字，但她的父母強烈反對。每年大屠殺紀念日時，瑞秋媽媽的父母都會點燃蠟燭，上面寫的正是這個名字。

「茹絲是在奧許維茲遇害的家人。」瑞秋向我解釋：「所以當我媽要為我取那個名字時，外公外婆說那樣不妥。『沒有必要讓寶寶背負一個過世的人的名字』，外婆含著眼淚，對我爸媽這麼說。我媽看著我外公，他站在那裡沉默不語。我媽告訴我，外公外婆曾經說過，猶太寶寶是最重要的證據，證明納粹沒有勝利，他們沒有摧毀我們。『這裡有一個我們的後代，就在這裡』，我外婆說：『她應該有個樂觀的名字。』」

瑞秋的母親想要說服她的父母，但她越是爭論，他們越不高興，到後來，瑞秋的外公非常生氣。

「新生兒應該和未來相連，不是跟舊的世界。我們的外孫女應該和幸福相連，不是恐怖。你腦袋壞了嗎？」他對瑞秋的母親咆哮，然後離開房間。

「這是我媽見過他最激動的時候，空前絕後。」瑞秋告訴我。「他是相當穩重、理性的人，她幾乎從沒看過他哭。她告訴我，小時候她若是傷心，外公會把她舉起來，緊緊抱著，直到她幾乎無法呼吸。然後他會看著她，問：『你現在好點了嗎？』她若是點頭，他會把她放下，接著，互不相望，走回各自的房間。他們從來不談情緒，而我媽對他的過去一無所知。她只知道他從『那裡』來，而且他全家都在奧許維茲被殺害。她不知道他是怎麼成為唯一倖存的人，我們也沒人敢問。」

瑞秋和我現在知道，過去的事需要被人遺忘。那次爭吵後，她的父母放棄，將她命名為瑞秋。在《聖經》裡，瑞秋是雅各一輩子的愛，而瑞秋的父母知道她是他們兩人的愛。

瑞秋的外祖父母在她小時候過世了。多年後，她的母親建議將新生的孩子取名為茹絲，瑞秋和馬克立刻愛上了這個名字。

「我要我的寶寶和我們的家族歷史相連。我要她知道我們是誰。」瑞秋告訴我。「我研究之後，發現在一九三〇年代的匈牙利，茹絲是常見的名字。我相信我的外祖父母不想聽人提起那件事情，但身為下個世代，我不只希望面對過去，也希望珍惜過去。」她看著茹絲時，容光煥發，而茹絲睡得香甜。

這個時候，瑞秋和馬克開始探索帶著茹絲搬到以色列的可能性。

「我就快要實現童年的夢想。」瑞秋笑著告訴我。「我覺得非常幸運，馬克能在那裡找到工作。我告訴過你嗎？他有家人在那裡。我的親戚很少，我外婆是獨生女，她有個阿姨，但沒有聯絡。而我父親那邊完全沒人。有個外公的朋友住在耶路撒冷，那個人和外公一起捱過大屠殺，兩人親如兄弟。戰後，外公移民到美國，而他的朋友去了以色列。以前我們夏天會去拜訪他，我記得他的女兒，還有外孫女，大概和我差不多年紀。我確定他現在已經過世了，但我想知道他的家人是否還在耶路撒冷。」

瑞秋打開手機，滑著相簿。她找到一張小時候的照片，便把手機遞給我。那是瑞秋八歲時和另一個女孩的合照；她們手牽著手，對著鏡頭微笑。

「這是在耶路撒冷的舊城市場。」她解釋。「我根本不記得那個女孩的名字了。我們打算今年春天過去，解決搬到那裡的細節。也許我該打聽這一家人。如果我能找到這個外孫女，就真的太神奇了，你不覺得嗎？」

/

他們預計出發的前幾個月，某天瑞秋滿身大汗醒來。那天之後，她開始出現睡眠驚恐，只要一入睡，就會立刻從床上跳起來，因為恐懼而尖叫。她很困惑，也很擔心，自己到底怎麼了。

睡眠驚恐來自中樞神經系統受到過度激發，而研究顯示，患有創傷後壓力症候群（PTSD）的人大多深受這種驚恐所苦。睡眠驚恐和惡夢不同，惡夢是有故事內容、不好的夢，但是睡眠驚恐則通常伴隨強烈的驚嚇感受，卻欠缺與那個感受有關的隻字片語或故事。患者尖叫醒來，但說不出任何夢境。因為人們早上多半不記得這些事情，因此可想而知，在歷史上，睡眠驚恐常被歸因為魔鬼附身，或其他幽靈活動。

瑞秋很沮喪，因為童年時期的她，晚上常感到危險，覺得自己會死掉。有些可怕的事情正在發生，但她說不出來。她的症狀顯然和某些她找不到源頭的情感元素相連，我們認為這和她即將到來的旅行有關。

隨著我們開始探索她睡眠驚恐的本質，她的睡眠驚恐開始改變，而那個令她熟悉的惡夢竟然又出現了。

「我拚了命地跑，手裡抱著一個嬰兒，和我六歲時的夢境完全一樣。因為那個夢，我才把刀放在枕頭底下。」瑞秋既困惑又沮喪。「大概十五年前我就不再做那個夢了，昨天晚上我又回到那裡，只是現在我家有個真正的寶寶，而我夢裡的寶寶看起來就像茹絲。好不舒服。」她哭了，不知所措。

家族當中完全無人談論的創傷已經入侵她的內心。

特拉維夫大學的約蘭達・甘佩爾博士指出她所謂「創傷的放射性」（the radioactivity of trauma）。這個譬喻來自核子物理學，描述社會與政治方面駭人的暴力，造成極其恐怖的破壞性後果。我們不能阻止許多年前又遠在天邊發生的事件影響我們，甚至是在我們並未親身經歷，也不知細節的情況下。就像核子彈的落塵，隨著災難而來的情緒和生理現象，放射並散播進入後代的生命。它會化身為個人生命遭受攻擊時出現的情緒、生理症狀，而這是一種對創傷的回溯。

往事的痕跡無所不在。被壓抑的祕密變成無名的害怕，住在我們的心靈，就像放射線，無形無色也無味。當往事的破壞性面向侵略內心時，我們的心智抵擋不住，而在瑞秋的案例中，她的家族創傷一而再、再而三地自行上演。

「當時發生的事情我什麼都不知道。」瑞秋說。我們看著彼此，她又說：「有一次，我外公提到他們抵達奧許維茲時，是風光明媚的春天。那個地方看起來綠意盎然，祥和寧靜，但有件事情讓他覺得不對勁：一股奇怪、逼人的氣味，聞起來有點甜、有點陌生。回想起來，那是死亡的味道。」

我們都陷入沉默。

「戰爭開始的時候，我外公還年輕。他失去了所有的親人。他是唯一的生還者。」

「哪些親人？」我問。

「我不知道。」瑞秋的聲音聽來氣餒。「他說過奧許維茲的天氣。他說過他最好的朋友也和他一起生還，但他從沒告訴我們他失去哪些家人。」

「我想知道茹絲是誰。」她又說，眼裡出現新的火花。「我知道惡夢是這趟旅程引起的，但我覺得不該取消。我應該去找外公朋友的家人，查個清楚。我有這個責任，對我自己，也對我們所有人。」

瑞秋早就計畫四月中旬出發，但她不知道會遇到大屠殺紀念日。她打算尋找家族歷史的痕跡，也想為從小就在內心的不安景象賦予故事。

/

名字是一個人重要的身分認同。第一次諮商的時候，我往往詢問對方，他的名字有什麼意義？是誰挑了這個名字，又為什麼？我也會好奇名字的特殊意義或故事。名字和情感相連，也與父母對子女的期望相連——他們認為孩子會成為誰，或想要孩子成為誰。姓名反映了父母生養那個小孩的感受，其中既是紀念過去，也是展望未來。

嬰兒通常以已故的親戚或他人命名。小孩的名字可能是父母深愛、尊敬或認定具備某些特色的人。小孩的名字可能反映了某些期待、責任或角色，例如，我有一位個案是以外公命名，這位外公就在我的個案出生前不久過世。治療期間，我們將這位個案的名字與他出生時被指派的角色相連，即照顧他母親的人。他的母親描述他是成熟負責的小孩，年紀輕輕就很有智慧，她經常就教於他。另一位個案的母親為他取的名字意思是「我的」，原來他的父親對於生不生小孩心態矛盾，因此她覺得這個小孩是她自己的。

我在第二部會談到，當有人不幸過世時——例如，這個人或小孩自殺或被謀殺——用他的名字給寶寶取名，這麼做的意義深遠。這麼做的時候，通常傳達出某種希望，不只想復甦失去的事物，也想修復過去、治療創傷。

四月中，瑞秋、馬克和寶寶茹絲去了以色列——去尋找他們的未來，去追溯過去，去查出茹絲是誰。他們發現的事情不可思議，但事實上也算意料之中。忽然間，一切都說得通了。

瑞秋、馬克、茹絲三人在耶路撒冷見了她外公在奧許維茲的朋友的家人。外公的朋友多年前去世了，但是他的女兒和外孫女見到他們都很高興。他們邀請瑞秋一家到他們在耶路撒冷的家。

「我們星期天上午和他們見面。」瑞秋告訴我。「在耶路撒冷，我從未感受過像那天那樣的微風。我們走進主人的家，茹絲在背帶裡睡覺，他們邀請我們坐在門廊。我們一坐下，茹絲就醒了，我向那家人介紹茹絲。我說

『這是茹絲』，外公朋友的女兒看著我，震驚不已。她什麼也沒說，去廚房拿茶和餅乾。回來的時候，她說：『你幫她取名茹絲，很有意義。我父親以前會談到茹絲。他說你的外公對她的死從來沒有釋懷，他的某個部分也隨她一起死了。』」

「我不知道該說什麼。我不好意思告訴她，我根本不知道茹絲是誰。我只從我媽那裡知道她是一個死在奧許維茲的親戚，還有我外公外婆每逢節日點燃的蠟燭都有她的名字。我無法呼吸，只好保持沉默。馬克看著我，知道我需要什麼。他轉向我們的主人，問起茹絲，請她把知道的事都告訴我們。

「然後我們發現我外公外婆的祕密。她說戰爭開始時，我外公已經結婚，還有個女兒叫做茹絲。他們到奧許維茲的時候，茹絲還是寶寶。他的妻子和女兒被帶到女人的區域後，他再也沒見過她們。有人告訴他，她們才到那裡幾個鐘頭，就被帶去毒氣室殺了。」

瑞秋告訴我，他們說話的時候，警報響了。他們的主人道歉，表示沒事先告訴他們。「真是象徵性的一刻。」她說。「今天是大屠殺紀念日，傳統上要為被殺害的六百萬人起立默哀。」

他們全都默哀很久，直到警報結束。接著那個外孫女說：「我想你們肯定覺得這麼做有些奇怪；但對我們來說，又何嘗容易。」她的聲音溫柔。「我的職業是老師，學生在警報期間經常偷笑，我記得自己小時候也是如此。你從不同的國家來，大概知道這件事情對孩子來說難以承受，他們也難以處理那個恐怖。」

瑞秋看著我，哭了起來。

我們感覺到自己看待這一切的觀點不一樣了。我們發現，一段無法想像的創傷化為記憶，而神祕的惡夢，是她經歷這段記憶的方式。隨著過去的故事成形，我們看著縈繞瑞秋的鬼魂化成先祖。她終於有個故事可以訴說，而非只是反覆不斷重新經歷一切了。

房裡一片寂靜，只剩下她哭泣和抽噎的悶聲，而她的呼吸，現在已不再那麼沉重費力了。

第二部

父母

接受不能改變的事，
才能哀悼，迎接新生

這一部揭開我們父母的祕密，以及我們出生之前和嬰兒時期被隱瞞的事實；同時也探索失去手足——無論知不知情——對活下來的孩子和他們的後代有什麼衝擊。這一部描述父母不想生下的孩子和這些孩子為了活著的掙扎——不受歡迎的寶寶和他們謎樣的身世；這一部看進父親們的內心，以及「身為人父」的意涵，並進一步探討彌補和重複之間的關係：我們希望治癒父母的創傷，治癒他們受傷的靈魂，然而，這樣的希望，反過來會導致我們重新經歷並重複他們痛苦的過往。

這一部是關於接受，能夠接受有些事物不能改變或修復，我們才能哀悼；能夠哀悼我們與父母的失落與過失，我們才能與生命連結，迎接新的可能性。

第5章

不曾出生的寶寶，難以解釋的連結

我的個案諾亞，從有記憶以來，就一直想著關於死亡的事。八歲的時候，他每天都會讀報紙上的訃文。「我想知道這個人是誰。」他會對母親這麼說，想和母親分享他的興趣，但母親卻會聳聳肩：「你永遠不可能真的知道答案。」

諾亞想知道；他需要知道，他會打聽、調查。這些死去的人是誰？他們留下的是誰？他們死的時候幾歲？諾亞會死嗎？他的父母會嗎？

幾十年後，因為所謂「對死人著迷」，諾亞來找我。他想知道訃文裡頭那些人的所有事情，而我想知道關於他的所有事情。諾亞帶著一則又一則的訃文來到諮商室，我們一起拼湊各自的拼圖，追查欠缺的部分。

「我知道了！」諾亞上網輸入最新一則訃文的日期與細節，經過數個小時在家千辛萬苦的搜尋之後，他如此宣布道：「我想我搞懂來龍去脈了，現在我可以放手了。」

不像諾亞，我不知道。我欠缺諾亞個人過往的許多部分，我試著耐心等待那些部分走進諮商室。根據我的經驗，不見的那幾塊遲早會出現，只是我必須安靜聆聽，邀請它們過來。

諾亞的拼圖缺了什麼的時候，他就會煩躁。他拿起報紙對著我，唸出一位叫做瑪麗的女士的訃文，然後翻了白眼。「你聽聽這有多煩人。」他說。「他們怎麼會寫『羅納德』是她的第二任丈夫？如果你上網搜尋，會發現這個羅納德，就是很多年前瑪麗和第一任丈夫合著的那本書的譯者，但是第一任丈夫也叫羅納德。」

我迷糊了，而且開玩笑地想著，也許她只喜歡名叫羅納德的人。我的反應其實來自於我跟不上那些細節，這點讓我焦慮。我還無法完全了解，諾亞為什麼對逝者的生平這麼有興趣。

「她的兩個丈夫都叫羅納德，有可能嗎？」諾亞納悶。他又數了那兩個羅納德，彷彿需要搞清楚這些名字背後有什麼隱情。

他在心裡緊緊抓著這些已經去世的人，不讓他們走。他抱著他們的故事，彷彿他們屬於他，從那個意義來說，那些人不死也不活，反而像鬼魂，遊蕩在兩個世界之間，從來沒人真正看見，卻出現在他的生活裡，而這下也出現在我的生活裡了。

隨著我加入諾亞的研究，我開始意識到，那些鬼魂——死者的鬼魂、他的過去的鬼魂——糾纏著我倆。我們實際知道的，總是比想要知道的少。

「你出生的時候，媽媽幾歲？」某天我問他，試著想像他的家庭。

諾亞回答：「四十四吧，我想。算老，對吧？」

現在他差不多四十四歲，沒有小孩。

「你算老嗎？」我問。

「我想是吧。」他說。「身為獨生子，父母又四十幾歲，並不容易。而且不知道為什麼，我總是想像我有個雙胞胎兄弟，出生的時候死了。以前我開這種玩笑的時候，我媽都會生氣。她覺得那是我對死亡的另一個瘋狂想法。我偷偷想像我們都是諾亞，諾亞一號和諾亞二號——就像蘇斯博士（Dr. Seuss）故事裡的小跟班一號和小跟班二號。」

「那麼，你是諾亞一號還是諾亞二號？」我問。

「我當然是諾亞二號，我看起來像諾亞一號嗎？」他笑嘻嘻地回答，又說：「我想到瑪麗人生裡的羅納德一號和羅納德二號。你認為她對他們的愛是平等的嗎？你不覺得她跟羅納德二號結婚，只是因為想念第一個羅納德，希望他還活著？」

我聽著諾亞說，想著從前那個孤單的小男孩的模樣，心裡盡想著父母會不會死，還懷抱那所謂「奇怪的幻想」，認為自己有個死去的哥哥。他的敘述有許多空隙，而治療的時候，我們試著填滿那些空隙：想像他以前是誰；思考他的夢和幻想有什麼意義；理解他童年時對兄弟的渴望，以及他經常感受但無以名狀的痛苦。

隨著時間過去，諾亞停止調查訃文，開始提到更多他自己的精神失落，是他象徵意義上的死亡。我們聊到想像的哥哥代表他「死亡」的部分，包括他因憂鬱症而避世，以及他的父母精神上死氣沉沉的面向。他的父母都還牽扯著他的生活，尤其母親總是讓他覺得，彷彿把情緒投注在某件過去的事情上，脫離現實。

某個週六晚上，我收到諾亞的電子郵件。「阿特拉斯博士，」他寫道：「今天早上發生兩件驚人的事。我等不到諮商，一定馬上要告訴你。」第一件事是，那天清晨，他的母親過世；第二件事是，他找到他死去的哥哥。

「今天早上，」他的信繼續：「我擁抱爸爸，然後他告訴我，有一件事，他們不想讓我承擔。他說：『我們在你小的時候決定，直到我們其中一人去世，才會把那個祕密告訴你。』」那個祕密就是，他們還有一個兒子，大約大諾亞一歲，在諾亞出生前死了。他的名字也是諾亞。

「我爸媽在一個非常小的墳墓旁邊，預訂了他們的埋葬地點。」諾亞繼續。「我們明天下午會在那裡埋葬我的母親。四十四年前，諾亞一號葬在那裡，年齡八個月大，幾個月後我出生了，以他的名字命名。他們不希望我因為這件事情沮喪，以免帶給我痛苦。」

經過數十年的搜尋，諾亞二號現在可以寫下訃文的句點。

/

如同諾亞當時帶給我的驚訝，當我把他的故事刊登在《紐約時報》二〇一五年四月的「馬車」專欄時，我們兩人都沒料到那篇文章引發的後續回應。專欄刊出幾個小時後，我開始收到電子郵件，想要分享相同的經驗。

諾亞以為自己極不尋常的故事，竟是許多人的故事，而且每個人都以為情節太過神祕又不尋常，只會發生在自己身上。人們分享自己失去手足的故事、他們長大後才揭開的祕密，以及那些祕密如何自行出現在他們心中。幾個人寫到，他們發現自己有個雙胞胎手足，出生不久就去世了，那個創傷對他們的人生造成衝擊。不為人知的真相和在他們心中呈現的方式是如此湊巧，經歷起來彷彿毫無道理可言，有時亦令人難以相信。某種強而有力的連結種在這些人的心中，銜接了過去與現在，也讓他們一開始無法解釋的感覺和家族創傷彼此相連。他們的身心對於自身意識並未知曉的訊息有所反應，而這些反應竟然與那些家族祕密產生奇特的同步性，他們多數對此並不知道該作何解釋。

我曾聽某人說——姑且叫他班傑明——從小他就會夢見自己被埋在地底。這樣的情況持續好幾年，他會夜半驚醒，然後告訴父母，他不敢回去睡覺，因為他無法呼吸。他的父母希望隨著他長大，自然不會再做這個夢，然而情況越來越糟。十三歲那年，班傑明得了幽閉恐懼症，搭地鐵的時候，恐慌尤其嚴重。所有人都想不透，他的恐懼從何而來。

班傑明一直知道母親那邊的家人死於納粹大屠殺。他知道她舉目無親，沒有父母、祖父母、叔伯；她移民到美國時是屠殺倖存的女孩；她十六歲時認識了班傑明的父親。直到四十多歲，班傑明才知道外祖父怎麼死的——被人活埋。他的父母對於自己繼承了什麼樣的情緒毫無覺察，也不曾將班傑明的惡夢、其他症狀和家族的創傷歷史連結。如同第四章瑞秋的故事，儘管真相是那樣恐怖，但班傑明得知外祖父殘忍的死法後，他的身體反而不再經歷、背負那個事實。當我們的心靈記得，我們的身體就能遺忘。

我也聽說了艾咪的故事，也與惡夢有關，同時也包含了一個身體承受的記憶。她二十出頭時，某天從惡夢中醒來。夢裡，她搭上一架墜毀的飛機，整個人活生生起火燃燒。艾咪從沒見過父親。父親在母親懷著她時死於空難，而艾咪從小就知道發生在父親身上的悲劇，卻從沒想過那個事件早已影響她的人生。為什麼她會突然經歷父親的創傷，彷彿罹難者就是自己？為什麼在她的夢裡，她是那個被活活燒死的人？那個惡夢反覆出現，持續一整個月，每天艾咪睡前，總感覺自己將要死了。她開始出現恐慌的症狀，而且飛機起火那個恐怖的畫面揮之不去。她去找醫生，意外發現自己懷孕了。

因為艾咪懷孕，她的家族創傷浮上檯面：她的父親死時正期待著寶寶、懷孕的女人失去丈夫、肚裡的寶寶永遠不會見到父親。她的身體知道心靈不記得的事。

人與人之間在心靈可意識的狀態之外相互連結，並以非語言的方式互相溝通，這個想法一直是心理學的研究課題。和流行文化不同的是，心理學家並不將我們心靈的這些面向歸因於意念或超自然現象，而是一個基本的概念：潛意識。

潛意識溝通，是指一個人能不經由意識，也不帶意圖，甚至在雙方都未察覺的情況下，與另一個人溝通。這件事情的含意深遠——我們並不完全認得我們互相連結的方式，也無法加以控制，而我們對彼此的認識，多於我們意識所知道的。

艾咪不幸流產，因而第一次接觸到她背負在表面底下的悲傷：哀悼不曾出生的寶寶，哀悼不曾見面的父親。艾咪就像諾亞，因為未處理的家庭悲劇而在潛意識與過去連結，與她不曾認識的人感同身受。揭開塵封的家庭創傷，處理失落和這些失落對人生帶來的深刻影響，能使人解開與過去相連的無形枷鎖，進而解放自己，創造屬於自己的未來。

第6章 曾經失去的我們，和無從開始的你

強不記得他的姊姊珍。姊姊走了的時候，他只有幾個月大。整個童年他經常聽人說起姊姊過世的悲劇，他知道當時她騎腳踏車到郊外，去小時候長大的社區找朋友，結果被車撞了，當場死亡。當時珍十二歲，是家裡五個小孩中的老大和唯一的女兒。

強的三個哥哥對於五月中的那天早上各有回憶。二哥記得媽媽穿的洋裝；三哥說他忘不了警笛的聲音，但他不確定是救護車，還是警車前來通知他們珍已死亡；大哥傑克發誓，母親飛奔出門那一刻，手中的寶寶掉到地上，也就是強，但他們的父親堅稱沒那回事。

他們全都覺得，珍死後，爸爸媽媽再也不一樣了。

這個家的人彷彿遵守某個不說的約定，他們避免談珍。他們知道提起她的名字，媽媽就會罵人。

「櫥櫃的門為什麼沒關？」她會怒氣沖沖地說。「我告訴過你們多少次，吃飯的時候閉上嘴巴？」

四兄弟全都記得他們要求爸爸買腳踏車那天，爸爸多麼努力說服媽媽。

「尤其因為之前那件事情，」他說：「這些男孩更不應該害怕騎腳踏車。所有專家都會告訴你，要讓他們騎腳踏車。」他和他們的媽媽爭論。

同一天晚上，媽媽打包好行李，宣布她要離家出走。她告訴他們，她打算隨便跳上一輛火車。強記得自己和哥哥們追著她，又哭又喊。

「媽咪，拜託別走。」

他們追著她到街上，她走得越遠，他們哭得越大聲。

他們再也不要求買腳踏車。

每年五月，這家人會去珍的墳前掃墓。他們會在那裡站上幾分鐘，男孩們看著父母清洗墓碑，大家再一起沉默離去。

強記得身體裡面有些不舒服、肚子痛，還有做錯什麼的感覺。但他一直不懂為什麼會有那些感覺。

三十五歲時，強發生他所謂的精神崩潰。

六個月後，他決定開始治療。

我們見面的第一天，他談到自己的崩潰：「來得莫名其妙。前一天我還好好的，隔天就垮了。」

我請他告訴我，崩潰之前他的生活情況。我想更了解他。

強告訴我，幾年前他和貝拉結婚，有個年紀還小的女兒。

「她的名字是珍妮。」他這麼說，然後停了很久。「我有個姊姊，在我幾個月大的時候死了，她的名字是珍。」他繼續：「女兒出生的時候，我想紀念姊姊，但我不想取相同的名字。我怕姊姊的名字會帶給她厄運，老天保佑，或者，可能會有其他不好的影響。你知道的，有些人說最好別那樣。」

強一臉尷尬。「我知道聽起來很怪。」他說。「貝拉和我決定選個J開頭的名字。」

我發現他自己的名字也是J開頭。我聽著他對女兒名字的矛盾：一方面害怕傷害珍妮，另一方面，他的潛意識又希望，姊姊珍的某個部分能夠死而復生。

我請他告訴我關於姊姊的事。

強似乎有些遲疑。「我什麼都不記得。」他說。「我的意思是，那個時候我還是嬰兒，所以我告訴你的不是我的記憶，是我從別人那裡聽說的事。我只知道哥哥們經歷了真正的創傷，他們認識她，但我不認識，所以對我的影響沒那麼大。」

「大家都很難過，但你還好。你的意思是這樣嗎？」我問。

我看見他在思考。

「不同的難過吧，我想。」他回答。「我身邊每個人顯然都很傷心，傷心甚至不足以形容。他們都支離破碎了。

「至於我，老實說，我不知道我的情況是什麼。我只是被落在一邊，像他們說的，自己看著辦。」強笑了，又說：「我甚至說不出『這個、那個發生在我身上』，除了我剛才告訴你的，就這樣。老實說，我對童年幾乎沒有印象。我的哥哥傑克告訴我，母親聽到姊姊出了意外，把我掉在地上，但可能沒那回事。我不想捏造故事。」他一臉困擾。「人家告訴我，治療的時候你可能會生出一大堆童年故事。不是說我介意那樣，但我從哪裡生？就像沒有資料但要去做實證研究，那是不可能的，我只能這麼說。」

強擔心編出虛假的人生故事，於是，他的故事裡頭什麼也沒有。他在自己的童年似乎沒有出現，所以我不禁納悶他在人生中扮演角色的能力。彷彿強想要確保自己並不完全存在。

雖然多數人多少記得童年的事，然而還是有人不太記得小時候的日子，尤其對於出生和嬰兒時期。不是每個人都知道，我們的父母原本就想懷孕，或者純屬「意外」。事實上，也不是每個人都知道自己的親生父母是誰。產後憂鬱症和其他從我們受孕或小時候開始的危機，經常被包裝成浪漫的神話。事情出錯的時候，祕密就誕生了。

雖然寶寶出生第一年的生命對他們的未來影響甚鉅，但是探索個案的嬰兒時期又是非常棘手的工作，因為需要依賴其他人的敘事，以及他們如何說、如何知道，甚至如何記得。

嬰兒時期的祕密是未成形的事件，在我們的心靈留下痕跡，但是沒有相關的敘事。因此，那些事件是我們存在的骨架，儘管賦予我們形狀，卻在我們體內維持隱密。

強和我從此時此刻，以及我們所知的少許訊息開始：他有個年幼的女兒；而他家族的創傷發生在他的嬰兒時期。雖然我們尚未完全理解，但他的姊姊珍和他的寶寶珍妮以某種方式連結。他的童年被姊姊死亡的陰霾籠罩，但他從未停下來思考過去，反而一直向前，盡其所能遠離他的過去，直到他崩潰那天。

強帶著我一路回到他的生命開端，而我知道那段旅程通常是全部裡頭最難解的。

他離開我的諮商室後，我發現他忘了一個奶嘴在椅子上。

過了一週，我與強再次見面。

「上次諮商後，我感覺不錯。」他說。「我告訴太太貝拉，我鬆了一口氣，因為你沒問我崩潰的事。那樣失控，我覺得丟臉，尤其在那個時間點，我們的寶寶才剛出生，我必須堅強。我想像我爸一樣堅強，我姊姊去世後，他是那個沉穩的人。而我現在不像男人，我的行為反倒像我媽；或者，更糟的是，我不是大人，而是崩潰的小孩。我覺得好可恥，好恨我自己。所以我很高興，你讓我從生命的起點說起，而不是……」

強沒說完，一臉苦惱。

「而不是生命的終點？你想說的是這個嗎？」我問。

「感覺像那樣。」他回答，話說得輕，沒有看我。

「感覺像你生命的終點。」我重複他的話。

「是啊，自從珍妮出生，我就一直想著死亡。」他說。

我發現珍妮生命的起點，感覺像是強生命的終點，同樣地，他生命的起點，就是他姊姊珍生命的終點。

「有人出生，就有另一個人死。」我說，幾乎是喃喃自語，而強抬起頭來看我。

「感覺就是那樣。」他點頭。「但那不對，我知道。應該有足夠的空間給每一個人。」

我感覺一股悲傷。會不會是，在強的心中，他們之中只有一個能活？這是他的家人之間心照不宣的想法嗎？

「我在這裡接受治療，因為我感到罪惡。」他說。「我一想到女兒現正經歷和我小時候一樣的事，就覺得如雷轟頂。我很擔心，她像我一樣，現在有個傷心又不能正常生活的爸爸。我不想像我媽一樣。」

我想多聽一點他母親的事。我想像她很憂傷，心中滿是罪惡，無法投入情感。

強告訴我，大約五年前，她去世了，而一年後，他的父親也離開了。

「我的爸媽都走了，現在我沒人可以詢問我的童年。」

「你有任何記憶嗎？」我問。

強遲疑了，他想了很久，然後說：「我記得我家的門廊。我記得門口。放學回家的時候那裡總是很黑，看不出來有沒有人在家。我從來就不喜歡那棟房子。」

「這個記憶當中沒有人，你注意到了嗎？」我問。

「我們是四兄弟，但我長大過程幾乎孤伶伶的。」他回答。「哥哥年紀都比我大，一個接著一個離家。我相對晚才離家，二十五歲左右。我感覺自己對父母有責任，要陪著他們。然後，我媽生病了，我照顧她。我記得她過世前幾天，人在醫院，感覺好像就在等死。我會坐在她的床邊好幾個鐘頭，那是我第一次聽她談起珍。聽起來好像她迫不及待和她團聚。」

「她跟你說了什麼？」我問。

「她說話的對象不是我。」強澄清。「我坐在那裡，但她無視我，一直說話。可能是對她自己，或者對珍。我不確定，不過沒關係。」他語帶哀愁。「我不介意媽媽無視我。」

他描述自己坐在媽媽身邊，聽她說話，這一幕令人動容。我感覺得到他的愛、他的渴望、他的孤獨，以及接受自己隱形。他是在那裡的人，但彷彿他不存在，彷彿他是死去的孩子，而死去的姊姊才是依然活在媽媽心中的人。

我們靜靜坐著，過了好一陣子，而我發現，安靜的我可能變成強疏忽的母親，那個他對她別無所求的母親。

諮商當中常發生，治療師沒有自覺地加入個案想像的童年，扮演其中一位照顧者。在治療之外，童年依附形成各種關係，同樣地，也塑造治療關係。那些期待被愛的人往往會去確定別人愛他們，而那些期待被忽略的人可能會引人忽略。身為治療師，我們的目標是檢視那些型態，問我們自己，我們的個案用什麼方式和我們一起重新經歷他們早期的關係，思考我們變成他們的什麼人，並在創造不同的新依附時，同時處理那些舊的依附。

就像對他的母親，強對我的要求也不多。他聳聳肩，然後解釋：「我現在有個寶寶，所以我知道那有多辛苦。自從珍妮出生，我經常想起爸媽。他們有五個小孩，其中一個死了，你能想像嗎？女兒過世這麼令人傷心，他們還要照顧三個小孩和一個嬰兒。沒有人做得到。」他斬釘截鐵地說。「我媽垮了。所以當然，她忽視我。」

強對母親沒有怨懟，單純因為即使她已過世，他仍然渴望她。她越忽視他，他對她的需求和渴望就越深。孩提時期，他沒有其他的安全感來源。他試著把她當成「好的」，因為他寧願有個疏忽的母親，也好過沒有母親。我發現對他而言，比起想像自己是個小孩並承認自己的傷痛，認同他的母親和母親的失落比較容易。然而，不知不覺中，他持續重複忽視的模式：對抗自己未被滿足的需求，並擔心這個世界可能會以其他各種方式拒絕他。

強的目光在房內搜尋，忽然，他指著我的書桌說：「我上禮拜把珍妮的奶嘴忘在這裡了。」

「對。」我說，同時看著書桌，想起了我把奶嘴放在那裡，才會記得還給他。

對於我的簡短回答，強似乎不太滿意，好像他在期待不同的話。那是我第一次看到他有點失望。

「你有話想說？」我回應他臉上的表情。

「你不覺得，我不會無緣無故忘在這裡？必定有個理由，對吧？」我知道他在邀請我看得更深入，探索更多。

「你覺得理由是什麼？」我問。

強微笑。「因為我是個寶寶？」我也笑了，他繼續說：「我感覺自己像個寶寶。也許我想要的就是把奶嘴忘在這裡，然後像個男人回家。」

「說得通。」我說。「但是有沒有可能，你想要忘記，也想要記得。」

他很感興趣，所以我繼續說：「也許你想忘記自己在這裡是個寶寶，但為了深入挖掘那個部分，所以又回來。也許你希望不見的部分被發現，揭開你自己生命的故事。」

強點頭。「但如果不是那麼有趣呢？」

我暫停。我聽見他多麼害怕想起自己小的時候不討人喜歡，想起被人拒絕的感受。他不願想起童年時期受到的傷害，不願想起自己有多麼需要他的母親。

我想起奶嘴的作用，認為小時候的強努力安撫自己，不為母親哭泣。成年的強表面隨和，不需要任何人照顧，甚至不需要任何人理解。他不會不高興，也不表達挫敗的情緒，反而獨自一人努力控制感受，壓抑所有情緒。強感覺他不該依賴任何人。我們諮商的時候，他也經常確保自己不會感到太依賴我。

英國小兒科醫師暨精神分析師唐諾・溫尼考特（Donald Winnicott）寫過，「情緒承接」是非常重要的母性功能。他將這項功能與肢體擁抱嬰兒的重要性相連，無論是父親或母親，情緒承接有如強壯的臂膀，也是父母讓寶寶感覺安全、受到保護的表現。父母在心中抱著寶寶，準備容忍寶寶的情緒，調整自己接收寶寶的信號。當寶寶的身體與情緒都感覺安全，他會發展出對於世界的安全感，在那裡，他可以依賴父母，相信他的需求會被滿足。但是當情緒承接崩塌，寶寶通常停止轉向他人，反而轉向自己。當寶寶感覺臂膀鬆開，他可能會感覺溫尼考特所謂的「永遠掉落」。那是情緒崩塌的感覺，而且是掉進深不見底的黑洞。

強學會不向父母索取安撫，並在情緒上承接自己。我察覺他保護自己的方式，就是放棄父母的安慰和回應。他從嬰兒變成男孩，後來又變成無所求的男人。他能夠控制自己的感覺，直到某天一切瓦解，讓他陷入崩潰。

強離開我的諮商室，而我知道我們還沒談到他崩潰的事。我注意到他又把奶嘴忘在扶手椅上，心想是不是因為他是那個被遺忘與遺落的人，所以一直把奶嘴留在這裡。他是否擔心，離開之後，我就不記得他了。

/

下次諮商，強提早三十分鐘抵達。他按了門鈴，但我還在和另一個個案諮商。

我開門讓他進來，納悶他是不是搞錯我們的時間。

我發現自己在擔心他，我想像他坐在那裡，在等待室，想著為什麼我還沒讓他進去。我怕他認為我忘記他了，我也想像他努力不覺得受傷，不生我的氣。

當我終於開了門，我看見強坐在椅子邊緣玩手機。

「嗨。」他看我。「你期待我來嗎？我不是故意要嚇你。」

「你擔心我說不定忘了我們的諮商？」我問。

「不是。」他立刻回答。「我只是怕我記錯時間。也許你還沒準備見我。我們是約十一點十五分還是十一點四十五分？我猜是十一點四十五分，是嗎？希望我沒打擾到你。我是說，你還在和別人諮商。」

強在椅子上坐立難安，接著又說：「不是重要的事。我剛才在想，也許我應該先走，改天再來。」他的眼睛滿是淚水。「真糗。」他小聲地說。

「你以為我不期待你來，以為你趕來這裡，我卻完全忘記你。」我說的時候，想到他用了「期待」（expect）這個詞，也想到這個詞另有懷孕的意思。我發現自己好奇，當時他的父母是不是因為還想要小孩，所以才生下他。

「別擔心，不要緊。」他說，對著我也對著他自己。「你不用期待我來。你是我的治療師，不是我媽。」他的語氣堅定，確保我們兩人都知道他記得此事。

「但是也許你感到受傷，因為在那一刻，我確實像你的媽媽一樣，不期待你來。你認為她可能會拒絕你，或寧願和別人在一起。」

強的表情嚴肅。「那倒可能。」他說。「你知道嗎，那次崩潰之前，我有過類似的想法，而且很誇張。

「晚上睡覺前，我會不停去想，我的老闆要開除我，另請他人。我告訴貝拉，我有種不祥預感，老闆不要我。回想起來，他應該不會這麼做，但不知為何，我就是認為他打算丟下我了。」

「丟下你了。」我重複了他的話，指出這個關鍵句就是他對童年唯一的記憶。

「你覺得老闆想擺脫你，或者打算丟掉你，像你的母親那樣。」我提出看法。

強看著我，目不轉睛。

「我知道你的意思。」他說。「是不是就像，我老是覺得別人不要我，甚至現在，和你在一起也是。」

我點頭，強繼續。「我對你發誓，我是很努力的員工。每天早上第一個進辦公室，晚上最後一個走。我以為我是好員工，但後來我開始覺得他們不想要我，打算開除我。這些全部都是珍妮出生之後開始有的感覺。」他暫停，而我看見他在思考，想把事件串連起來。

「你在想什麼？」我問。

強一臉哀傷。他向我解釋，獲得老闆青睞，對他來說是多麼重要的事，但隨著時間過去，他覺得越來越常遭到否定，也越來越感到害怕。

「每天早上醒來我都覺得驚恐，覺得想死，非常糟糕。但是那天上午，出了一件大事，於是我的感覺糟糕到了極點。」

強深呼吸，他猶豫不決，好像不確定能不能繼續說下去。

「我能告訴你發生什麼事嗎？」他問，而我意識到，這個問題不是對著我，而是對著他自己。他不等我回答就接著說。

「我才剛到辦公室，電話就響了，是貝拉，她在哭。

辦。』

「『你快回家。』她啜泣不已。『珍妮，她掉到地上，我不知道該怎麼辦。』

「我什麼都不管就衝出辦公室，像個瘋子。我拚命跑，甚至不知道跑了多久。我的頭腦閃過千千萬萬個念頭，我想著『終於發生了。她會死掉』；我想著『我為什麼讓這種事情發生？我怎麼這麼蠢？』」他看著我。「別問我為什麼，我不知道。我不知道為什麼我覺得都是我的錯，但我一直跑。我聽到後面傳來救護車的警笛聲，於是更加恐慌，想要跑得更快，想搶先救護車抵達。當我終於到家，我發現媽媽坐在地板上，而珍妮在她懷裡，活著。」

我聽到他叫貝拉媽媽，但我沒有打斷他。

「她邊哭邊說：『我嚇死了。我不知道該怎麼辦。珍妮從高椅子上掉下來，一動也不動。她甚至沒哭。我以為她死了。』

「我看著珍妮。她似乎沒事，但我無法冷靜下來。我坐在貝拉旁邊，全身顫抖，好像我完全失去控制，然後我一直哭、一直哭，停不下來。從那一刻起，我就無法正常生活了。我無法下床，整天都在哭。我想要自殺。」

強暫停。他看著我，重複：「我覺得都是我的錯。我腦袋裡的聲音說，死的應該是我，不是她。」

活著的人承受的罪惡感是如此之多。我想著強的姊姊珍，也想著他希望女兒就是死而復生的姊姊，而這次，由他代替去死。珍妮掉落是個重大創傷，因為代表了他姊姊的意外，也代表了他自己在童年時期，心理上與身體上被丟下。雖然他是活下來的那個人，但無論當時或現在，他卻在潛意識裡相信意外是自己的過失。

強所經歷的感受，他無法付諸文字，無法處理，甚至無法記得：活著的寶寶很悲慘，活著的寶寶支離破碎。他的崩潰不只關於姊姊的死；事實上，那是持續進行中的經驗，從前還是寶寶的他和母親分離的經驗。強從小到大的感受是母親拒絕他，但他從不讓自己知道那個深沉的傷害。他潛意識的焦慮是，因為母親不要他，所以將他掉在地上。那個事實太過震撼，強不讓自己知道。他的解決方法是取悅母親，並確保他會從自己的人生中消失。強無法參與生命，不斷面對自殺的念頭；對於自己是否有權擁有任何東西，他內心感到矛盾。他體內受到創傷的孩子，因為女兒的意外而甦醒。他必須和死寂的自我接觸，才能開始活著。

強和我都明白，他崩潰的時候，幼年的經驗再次出現，而我們決定重回那個時間，查明那段幼年的經驗是什麼感覺。藉由再次經歷，強才能重返這個世界。

／

過了數週，強感覺堅強了點。我們每週二約十一點四十五分碰面，而他現在會準時抵達，頂多遲到一兩分鐘，但不會早到。他確保等他的人是我，而不是相反。

我打開門，強走進來，總是開同一個玩笑：「嗨，你期待我來嗎？」我們都知道他指的是敲我的門時可能引發的焦慮，擔心我不記得和他有約、我忘記他，或甚至希望他沒來。

但事實從來不是那樣，我期待和強諮商。我知道自己感覺他在處處防備，我想像他是嬰兒，因為我知道他的過去，以及父母與嬰兒的早期互動對那個孩子未來人生的影響。

二次大戰期間，在倫敦漢普斯特德（Hampstead）的幼兒園，安娜・佛洛伊德（Anna Freud）率先開始仔細又全面地觀察嬰兒與兒童，但是嬰兒心理的研究過了很久才出現重大突破。一九八〇年代，精神病學家暨精神分析師丹尼爾・斯特恩（Daniel N. Stern）帶領當代嬰兒研究進入精神分析的領域，改變許多舊時對於兒童發展的假設。其中最重要的一項導正，針對的就是一九六〇年代的主流理論，這種理論認為寶寶起初擁有「自閉的內心」，因此無法與周圍的世界互動。近期的嬰兒研究推翻了這個假設；事實上，寶寶一出生就開始與他人溝通。他們意識到周遭環境，對他人的眼神凝視、聲音斷續、臉部表情有所反應，也和他人持續對話。

寶寶和父母之間的互動是近期嬰兒研究的焦點，他們每分每秒的溝通可以用錄影微觀分析進行研究並編碼。學者碧翠絲・畢比和她在哥倫比亞大學的團隊，邀請家長帶著孩子到研究室，請他們像在家裡一樣玩。團隊使用兩台攝影機，一台對著坐在媽媽面前的寶寶，另一台對著媽媽的臉和上半身，生成媽媽和嬰兒兩者的分割畫面。

這項研究集中在幾個口語和非口語的互動，例如他們看向彼此或看向別處的眼神（家長通常看著嬰兒，但是嬰兒則在看與不看之間循環，這樣他們才能調節眼神接觸造成的激發強度）。攝影機偵測到他們的表情和聲音，進一步分析表情和動作的協調程度。研究人員聆聽親子溝通時的聲音來回，以及雙方在交流中的輪流情形，再加以編碼。

畢比看著分割畫面，指出照顧者傾向調整自己來配合嬰兒的動作、手勢、眼神、表情，而寶寶對媽媽每個行為的細微差異都有反應。嬰兒與照顧者之間共同創造某種韻律，寶寶笑的時候，媽媽通常一臉快樂；寶寶哭的時候，媽媽又會面露憂愁。若寶寶的頭轉開，媽媽的行為強度會降低；而寶寶看似憂傷的時候，媽媽的聲音會下沉；當寶寶轉回來看媽媽時，媽媽會想要引起寶寶的興趣。媽媽跟寶寶說話，做球給寶寶，而寶寶用自己的方式發聲回應。他們各自依循你來我往的韻律。

父母與嬰兒之間理想的交流，並不意味絕對的時間同步，或「完美」的配對、超高的回應性；那反而是一種動態的溝通，循序漸進，包含錯配的時刻與可能的誤解，接著他們會重新調整並修正。

這些研究彰顯一個事實，在每段關係中，斷裂都是不可避免的部分。事實上，傑佛瑞・科恩與愛德華・特羅尼克（Jeffrey F. Cohn and Edward Z. Tronick）在一九八九年指出，不完美的互動和搭錯話的溝通不是例外，反而更像是常規。他們表示，「夠好」的父母和他們的寶寶，只有百分之三十的時間同步，其餘百分之七十的時間稍微不一致、不同步。這兩位學者建議，好的關係不是完美協調的結果，而是成功的修復。父母重新調適，配合寶寶，這樣的時刻非常重要。這是未來信任的基礎，如此一來，父母和嬰兒才能學習回到可以讓他們被對方看見並理解的韻律之中。

寶寶與父母早期的互動，對未來發展、依附、心理健康都影響重大，強調這點的研究已經持續超過五十年。這些研究基於寶寶在非常早期對照顧者的依附，預測寶寶長大為兒童、成人之後會遇到的困境。例如，眾多研究把焦點放在父母的回應，因為這是安全依附的重要性質。研究指出，寶寶年齡三到九個月這段期間，母親低程度的回應將導致十二個月的不安全依附、三歲的負面感受與攻擊行為，以及十歲之後的其他行為問題。

我試著想像強是寶寶的時候，同時見到他身為成人的退縮行為；我試著想像他在他的母親眼裡看到什麼：她的痛苦、憤怒，她的罪惡感，她對他的沒有回應。我想知道，即使有些事情不是直接傳達給強，他究竟感受到了什麼。我意識到，我不知道的很多，而且也許永遠也不會知道。某些早期經驗已經永遠塵封。

/

強走進諮商室，坐在扶手椅上。

「昨晚我和大哥傑克聊天。」他說。「我告訴他，我在接受治療。我告訴他，我小時候的很多事情現在一一浮現，尤其從我還是嬰兒的時候。我必須告訴你，這非常驚人。我從沒想過自己可以跟他聊這些事情，而且他跟我說他已經接受治療好幾年了，我超驚訝。傑克說：『那個時候我們要面對很多事情，即使還是小孩。尤其是你。』

「『為什麼尤其是我？』我有點不解。『你們認識珍，但我不認識。』」

強暫停，看著我。

「我大哥說，他治療的時候了解到，有兩種人：曾經失去的人，和無從開始的人。他說：『那個想法讓我痛苦，而我總是告訴我的治療師，你，強，和我們其他人不同，我們曾經失去，而你無從開始。我告訴她，你是我們當中受傷最深的。』」

「你可以想像我聽了有多麼困惑。」強說。「我告訴他：『大哥，我不太懂你在說什麼。』然後基本上他告訴我，他八歲的時候，爸媽發現懷了我，媽媽很難過、生氣，她不想再生，把懷孕的事怪在我爸頭上。他們吵了很多次，有一段時間也不說話。

「『然後，你出生了。幾個月後，珍死了。』傑克這麼說，我的肚子像是被人揍了一拳。你和我談過的每件事情忽然都說得通。他們不想要我。」

他直視我的眼睛。「我爸媽從來就不想要有第五個小孩，四個就夠了。到頭來也是四個，但不是他們想要的那四個。」

我們都沉默。

我目瞪口呆，但不意外。那些不請自來的人，往往很好辨認。他們像是訪客、外人，隨時可能離開。就像強，許多這樣的個案沒有連貫的存在，因此在治療時，要他們清楚描述早期的人生也較為困難。

一九二九年，在一篇重要的論文〈不受歡迎的小孩與其死亡衝動〉（The Unwelcome Child and His Death-Instinct）中，匈牙利精神分析師薩德．費倫齊（Sándor Ferenczi）描述，有些人來到世界上，是所謂「家裡不歡迎的客人」。費倫齊將不被歡迎的寶寶和潛意識想死的希望連結，他描述那些個案變得悲觀、多疑，不信任他人，還會幻想自殺。他發現他們都有共同的背景：他們的父母都不情願地懷孕，無論這件事情在家裡是公開還是祕密。費倫齊描述他們是願意輕易赴死的人。

強深吸一口氣。「我沒事。」他說。「好笑吧？最壞的事情擺在我的眼前，但我不覺得糟糕，反而覺得好多了。你知道你以前常說，我是沒有故事的寶寶。現在我有了，也許不是快樂的故事，卻是真實的，是我的。」

我知道強還有很多事情需要消化，很多問題需要提問，很多事情需要哀悼、生氣，並原諒。

最近，強走進我的諮商室，不再問我是否期待他來。那個母親，他那不期待他來的母親，不再被藏起來，所以現在我們可以談論她，卻不重新經歷他和她的關係。強還是愛著他的母親，但他現在對於自己被拒絕、自己不曾真正擁有母親，他能自由地感受其中的侮辱和羞恥了。

去思考並感受最苦惱的事情、最痛苦的情緒，這樣的自由伴隨活著的體驗。強到了最後，之所以能夠選擇生命，正是因為之前遭到拒絕的、與生俱來的權利。

第7章

不能流淚的男人，可以哭泣的男孩

年輕的時候，我很熟悉我個案班恩服役的部隊；我有些朋友也在同一個以色列國防軍的菁英突擊旅。我曾在以色列陸軍藝工隊擔任歌手，約莫同時，班恩是那個單位的戰士。三十年後的今天，我在紐約的諮商室裡蒐集他的資訊，詢問他軍隊的事。他說了單位的名稱，我一邊寫，一邊點頭。

我記得我的樂隊曾被派去那個單位的基地表演。那天一切如常，也很平靜，唯一特別的是，因為我和樂隊鼓手正在談戀愛，所以很高興那天晚上太危險，不能開車回家，我們必須留在加薩的汗尤尼斯（Khan Yunis）過夜。當時是一九八九年，而我記得他們發下槍枝，說是以防萬一。雖然幾個月前我才受過基本訓練，但我早就忘了怎麼用槍。我和知心好友都認為殺人是惡業，所以訓練的時候，我們只是假裝在聽，最後根本不知道怎麼操作。前往汗尤尼斯的路上，感覺不像會出事。我們心想，要是發生緊急狀況，應該應付得來。

特勤軍隊派給我們一台武裝巴士。開進加薩的時候，還有車隊護送我們。樂隊的音樂總監是個三十多歲的男人，比我們年長，也是後備軍人。路面顛簸，搖搖晃晃，他突然坐在巴士的地板上。我們看著他，覺得好笑，於是問他：「嘿，你還好嗎？沒事吧？」

想不到他哭了起來。「我太太懷孕了。他們沒說要去加薩，我沒說我要去，太扯了。」

我們大眼瞪小眼，不知道該怎麼辦。我們不懂為什麼他覺得很扯。我們去過每個戰區，從不覺得哪裡情勢特別緊繃，我們成長的世界就是如此。某方面而言，國家動盪不安、強制兵役，感覺是無關的紛擾。生命是關於未來，不是此刻或過去。生命是希望，是遠大的夢想，能憑著深刻的友誼、愛、音樂，抵抗我們的外在現實。

我轉頭，對著鼓手微笑，他也回以笑容。我們有我們的小祕密，而周圍的戰爭像是背景噪音。

那天，我們在一個小小的房間表演，一群軍人圍繞我們，他們和我們年紀相仿，但看起來比較老成，而且我們相信他們比當時的我們更勇敢。我們知道，音樂會結束後，我們不能詢問他們行動細節或特殊任務，我們橫豎也不好奇。我們比較想要聽他們說以前學校的事、家鄉的女朋友，倒數我們兵役結束的日子。

現在，班恩第一次和我諮商。他告訴我，他十八歲從軍的時候，不知道自己簽了什麼，直到現在，他才知道從前的一切多麼瘋狂。

「我同單位多數的朋友都毀了。」班恩說。「但我沒有任何創傷後壓力症候群或什麼的，我很好。」

我猜我們都很好——我心裡這麼想著。部分的我真心如此相信，但是另一部分卻也知道不可能如此。我們都很好，但我們也一點都不好。

班恩出身的文化將以色列所有男女的經驗視為正常。他談到早期在以色列的童年，以及此時在紐約的生活。他告訴我，他十八歲開始和凱倫交往，後來結婚，而他們想要懷孕。他直視我的眼睛，並說：「我從小就想當爸爸。我在這裡，接受治療，因為我想當個好爸爸。」

/

週一上午，班恩走進我的諮商室，臉上掛著大大的笑容。

「博士，」他開口，然後暫停。他叫我博士，把我的學位當成綽號，表示他的心情很好。

「凱倫懷孕了。」他笑著，馬上又糾正自己的話。「我們懷孕了。你知道我想要這個寶寶有多久了嗎？我們兩人要懷孕真是有夠難。」他停下，看著我。「我要當爸爸了，博士，我告訴你，是兒子！」他把手放在胸前，深深吸一口氣。「一切順利的話，我會有個兒子。」他一臉正經地說。

下次諮商時，班恩說了他做的夢：他是個寶寶，睡在他父親的胸口。他父親親吻他的臉頰，在他耳邊輕聲說：「哭吧，寶寶，可以哭了。」

「真奇怪。」班恩說。「父母通常不會叫寶寶哭，尤其是爸爸，不會鼓勵兒子當個愛哭的寶寶。」

「當你想到父親和哭，你會想到什麼？」我問。

「他知道我需要哭，他允許我哭。我想是這樣。」班恩沉默了很久才繼續說。「我從沒看過我爸哭。不論是他自己的爸爸過世的時候，還是我去從軍的時候；當時，所有父母都站在巴士旁邊流淚，他也沒哭。他只是來回踱步，然後過來，用力抱著我說：『沒必要哭，孩子。做你該做的，願神與你同在。』」

「當你十八歲，成為男人的時候，你的父親告訴你不要哭，而現在，你發現要當爸爸了，他在夢中卻抱著你，告訴你可以哭了。」

班恩點頭，我們發現，關於這些允許流的眼淚，關於父親、兒子，以及錯綜複雜的脆弱和剛強，有很多需要理解之處。

班恩告訴我他父親的事。他的父親出生在伊拉克，一九五〇年代和家人逃到以色列。我的父母和班恩的一樣，在差不多的時間從伊朗和敘利亞逃到以色列。對於這些移入人民的難題，我並不陌生。一九五〇年代早期的以色列是個新的國家，建立在大屠殺的創傷之上。

二次大戰之前，某些來自東歐的移民離開他們在歐洲的家人，搬到以色列；二次大戰末期，許多大屠殺的生還者加入這些東歐移民，定居在以色列。戰爭之前搬來的是猶太復國主義者，人們認為他們是「真正的薩巴拉人」（Sabras，或希伯來文Tzabarim），意思是仙人掌，表皮粗糙、外表有刺，但內在卻柔軟甜美。這個名詞從一九三〇年代開始使用，為了區別從前歐洲的猶太人和新的猶太復國主義者。人們認為薩巴拉人頑強、勇於行動、不怕丟臉，和早期猶太人溫和被動的刻板印象不同。新的猶太人較不虔誠，也不研讀《妥拉》（Torah）*；他們反而努力耕種，並學習戰鬥——最初是在針對英國統治的抵抗運動中，後來則是在以色列的軍隊裡。

在大屠殺之後，以色列建國，做為對這場悲劇的主要回應，也成為世界各地猶太人的家。第一批移入的是受到創傷的倖存者，他們失去在歐洲的一切；五〇年代的第二批移民來自中東國家：摩洛哥、葉門、伊朗、伊拉克、埃及、敘利亞、突尼西亞等。

多年來，以色列這個新的國家對於本地出生的人民給予更多尊崇，更勝於對新來的移入者。這麼做的目標是創造新的文化，鼓勵移入者放棄原本的身分，當個薩巴拉猶太人。從心理學的觀點，我們可以發現這是為了應對遭受迫害後的重大創傷。新的猶太人是戰士，代表猶太人從被動的受害者變成主動的勝利者，從軟弱的少數變成強大的國家。

我的父母和班恩的父母都屬於一九五〇年代西班牙系猶太人的移民潮，他們來自不同文化，說著阿拉伯語，被當成未受教育，甚至是未開化的人。受到創傷的歐系白人占據了領導霸權，歧視移入者，把他們當成次等的弱勢群體對待。這些移入者生活貧窮，蒙受很多恥辱——資源貧乏、文化適應困難等；此外，他們被視為粗野又帶著惡劣文化的人。他們說的是「錯的」語

---

*編按：傳統的猶太教認為，《妥拉》記錄了上帝對於教徒的生活方式的指示。

言，聽的是「錯的」音樂，還帶著不屬於歐洲的文化和習俗進來，不僅令人無法接受，甚至會威脅猶太復國主義白人優越的權威。

為了融入以色列文化，所有移民都得說希伯來語，不可以說意第緒語和阿拉伯語。西班牙系的猶太移民被要求改成以色列的名字，而名字通常是邊境的事務員取的。我的母親原本叫蘇珊（Suzan），現在叫「秀希」（Shoshi），我的阿姨以前叫莫妮拉（Monira），現在叫漢娜（Hanna）；以前叫做圖恩（Tune）的人，新的名字是馬札爾（Mazal）。這個傳統持續非常多年，即使在一九九〇年代，移民到以色列的衣索匹亞猶太人仍會被要求改名。他們透過這種方式告訴移入者，這裡不歡迎他們舊的身分，應該換成新的。這麼做是在承諾歸屬，拋掉過去就會得到更好的全新未來。實際上，移入者不屬於舊的世界，也不屬於新的世界；他們被困在兩種文化之間，進退不得。

我家族的移民過程就像班恩，總是縈繞我的童年。我知道我的父母小時候和家人逃到以色列，我的母親常常告訴我們一九五一年他們離開大馬士革那一夜，她當時只有四歲。她的父母付錢給一個敘利亞人，帶著他們五個孩子，半夜坐上那個人的馬車，躲在馬車後面，穿過邊境。

那個男人凌晨兩點到來，他們全都安安靜靜，火速進去馬車後面，接著駛向邊境。大約過了三十分鐘，他們驚慌失措，因為發現我四歲的媽媽不在。他們把她忘在家裡，於是急忙返回，發現她在床上睡覺，這才趕緊帶上她，再度駛往邊境。

他們安全抵達以色列，並在地中海北邊的城市海法住下。阿拉伯人和猶太人一起住在那裡。他們租了一間一房的公寓，我的母親和兄弟姐妹就在那裡長大。

班恩的父親和家人從伊拉克巴格達搬到以色列，當時他的父親十歲。頭幾年，他們住在所謂的「馬阿巴拉」（*Ma'abara*），是政府為來自阿拉伯和穆斯林國家的人蓋的難民營。一九五〇年代早期，這些難民營約有超過十三萬個伊拉克人。馬阿巴拉是對西班牙系猶太人的歧視象徵，因為住房政策傾向優待中歐猶太人的後代。在難民營，往往是上千人共用兩個水龍頭；廁所沒有屋頂，跳蚤還很多，而下雨的時候天花板經常漏水。

「有些人覺得我家很幸運。」班恩告訴我。「因為我的祖父在當地的小學找到清潔工作，於是他們能夠搬到特拉維夫周邊的社區拉馬特甘（Ramat Gan）。他們生活貧苦，你可以試著想像，一個男人養不起他的家庭，內心有多麼痛苦，尤其在那個年代。」

班恩看著我，尋求我的理解。畢竟，我不是男人；我知道他在說什麼嗎？我能明白身為一個無能為力的男人有多麼痛苦嗎？我知道班恩同時在告訴我他自己的事，關於他的軟弱、眼淚，但卻需要掩飾，以求不僅保存男人的身分，還有父親與祖父的尊嚴。

「我的祖父身為一家之主，卻變成沒有語言、沒有工作、沒有身分的外來移民，這是莫大的羞辱。想到我驕傲的祖父，這麼軟弱、無能為力，我就心痛。事實上，他從來沒有重新振作起來，他帶著羞辱去世——地位低下的羞辱，不受尊重的羞辱，只能說阿拉伯語這種『錯誤語言』的羞辱。」

諮商尾聲，班恩傳給我一部 YouTube 影片，是一首阿拉伯歌。他很喜歡法利德．阿特拉什（Farid El Atrash）、烏姆．庫勒蘇姆（Umm Kulthum）、菲魯茲（Fairuz）以及阿卜杜勒．哈里姆．哈菲茲（Abdel Halim Hafez）這幾位歌手。

「我父母只要說阿拉伯語就彆扭。」他說。「他們不想感覺像個外來移民，但我記得祖父家裡的音樂，他會邊唱邊流淚。我以前會看著哭泣的他，我知道這些音樂充滿感情。我知道這讓他想起他離開的家。」

「博士，今天謝謝你。」諮商後，班恩寫了電子郵件給我。這次他分享了一個摩西．艾利亞胡（Moshe Eliyahu）和他的敘利亞樂團的連結。

我很感激班恩和我分享那些歌曲。他並不知道，我和他一樣，很熟悉那個樂團的音樂。摩西．艾利亞胡是敘利亞的知名歌手，也是我母親的叔叔。

我的祖父母口說阿拉伯語，手寫阿拉伯文，在家也聽阿拉伯音樂。我們去海法探望他們的時候，我的母親顯然因為阿拉伯音樂而不悅，她會用阿拉伯語低聲說：「你們能不能關小聲一點？」

幾年後我得知，在我父母的婚禮上，我母親的叔叔，也就是那位歌手，被邀請上台。他答應獻唱赫赫有名的歌曲〈Simcha Gedola Halaila〉（今晚盛大慶祝），祝福新郎新娘。我的母親幾乎崩潰，因為婚禮上她最不想要的就是阿拉伯音樂，於是她哭了。她的叔叔被請下台，中斷演唱。從此他再也沒有跟她說過話。

我和班恩諮商時，阿拉伯音樂成為配樂，我們一起聆聽。而諮商結束後，我會聽班恩寄給我的歌曲，同時明白，他需要給我的，不只是他家人的生命故事，還有那些滋味、氣味，單靠文字不能傳達的感覺。

班恩背負他的家族歷史，就是那些從東方移民到西方的幽魂。阿拉伯音樂是修訂那段歷史的方法，面對那段歷史，將這段被動的經驗——種族歧視受害者的恥辱——轉為主動的歌頌、驕傲、做主的感覺。

班恩還是男孩的時候，必須承受家人說著錯誤語言的恥辱，而現在他告訴我，在以色列菁英部隊擔任軍人有多麼驕傲，而且口說流利的阿拉伯語變成一個優勢。他的單位是反恐部隊，他們在阿拉伯國家境內的都會地區執行臥底任務，而口說阿拉伯語能夠掩飾真實身分，同時蒐集情報。

我們開始處理他從軍代表的意義，以及這件事情在受害者與勝利者之間產生的交互作用——為了療癒創傷，感覺自己地位低下的人必須成為優越的人才行。

那樣的作用在國家層面也同樣真實，從被迫害的創傷建立出來的國家，會養出世世代代的軍人和戰士。每場戰爭都是機會，能讓猶太人重現從前的失敗與羞辱，再加以修正。緊接著黎巴嫩戰爭後，一九八二年，以色列總理梅納罕・比金（Menachem Begin）解釋為何戰爭乃必要之舉。「相信我，」他告訴他的內閣：「另一個選項是特雷布林卡（Treblinka）滅絕營，而我們已經下定決心，不會再有另一個特雷布林卡」。

這種修復的希望——這回仰賴的是作戰勝利——是基於一種錯覺：當我們這麼做，就會變成贏家。但事實上，一個軍人的勝利永遠不會只有凱旋而歸，它同時也是失去和傷害，也會重複理當治癒的早期創傷。

因為心理上需要從頭到尾修復陳舊的傷痛，於是我們回到最初的場景，我們希望在那裡將被動轉為主動，我們試著在那裡全部重新來過，而且這次是以不同的方式。我們希望重新經歷一次，而這次會做得更好、做得對，透過修復的舉動療癒我們自己。然而，常見的狀況卻是，修復反而變成重複。我們想要治癒舊的創傷，實則再次傷害我們自己。

因為想要治癒跨世代的移民創傷，於是班恩成為突擊隊的士兵，感覺自己是個勝利者，但這麼做也造成新的創傷，而這就是我們正要揭開並探索的，父子之間的紐帶。

/

小時候，我們周圍的世界是我們唯一認識的世界，而軍事衝突是我們的現實。小孩從小就知道，高中畢業後必須從軍服役，而從軍是為了切記，如果保持強壯，大屠殺就永遠不會再次發生。

高中之後的下一階段，某些方面切斷了我們所知的生活，那是另一個擁有自己的規矩、階層又令人痛苦的現實，卻是我們已經花上整個人生等待的現實。我們全都是軍人，但也見怪不怪。畢竟，若非如此，十八歲的我們還能做什麼？

每年都有一小群人被選入特殊單位。他們必須經歷長達一年的甄選、數月的面談，以及體能和情緒測試。

班恩被突擊隊錄取。

「我很驕傲。」班恩說。「其實我沒有真正想過，從軍是在做什麼。錄取是我的目標。你想要被錄取，想要知道所有人中，你是脫穎而出的那個。」他似乎覺得好笑，彷彿他說了什麼荒謬的話，接著又笑著說：「博士，你不覺得在美國這裡，最接近的事情，就是考上常春藤盟校嗎？」

我記得當我們的朋友進入特殊單位時，我們多麼與有榮焉。有時候我們反而驚訝，那些我們以為特別強壯或勇敢的人竟然沒被錄取，於是對那些進去的人另眼相待，彷彿我們發現某些他們從前不為人知的事，例如，祕密的神力。

我個人也成了「特殊單位的女生」，故事是這樣的，我被備受尊敬的音樂家馬蒂・卡斯皮（Matti Caspi）錄取，進入他組成的軍樂隊，而我的朋友都以我為榮。我們都是青少年，只在乎自己的形象和他人怎麼看待我們。特殊單位的男生是我們的超級英雄，無所不能、魅力十足，我們的社會崇拜他們。我知道這是班恩的勝利，他覺得受到認可，而且憑著這份新的優越感、驕傲感，彌補了他家庭的「低下」地位。

我們住在一種矛盾之中，一邊打仗，一邊愛上愛情。愛情無所不在，而我們的生活，是只有荷爾蒙和戰爭兩相結合才能產生的轟轟烈烈。我們緊抓著彼此，因為不知道明天會如何。我們只有現在。

我記得我們為上百名數個月沒回家的軍人表演。當時的我太年輕，無法理解在那些夜裡，我感受到的是什麼。我想，空氣中的那種緊繃，是我從未經歷、未來也不可能遇到的能量。

我印象最深刻的一次是為哥拉尼旅（Golani Brigade）表演，我們受邀在他們訓練的最後一天登台演出。我們樂隊每天都有表演行程，所以我們通常不會事先知道聽眾是誰，製作單位會處理這些行政事務。我們就是每天中午集合，軍車司機會等我們把樂器和音響設備搬上巴士再出發，往南、往北，或往東去。我們不太在乎去哪裡，我們也不介意他兇狠的駕駛技術，只是想著，如果我們出了車禍，總算就有機會翹掉當天晚上的表演。

我們一路往北，開了大約三個小時才抵達哥拉尼的基地。我們累了，在巴士上小睡。抵達那裡時，幾乎已經入夜，只有兩個小時組裝舞台，吃點東西，接著開始演出。然而，我們環顧四周，空空蕩蕩。

「人呢？」我們問。

「他們有些事情得先完成，之後就會來你們的音樂會。」有人回答。

我記得心裡想著：他們想來就來，或者遲來，或者乾脆不來。

我幫鼓手擺好他的鼓，並確認麥克風。

「士兵們真的非常期待。」另一個人說。

「我們也是。」我們說謊。

我們每天都表演一樣的節目，已經第二年。那個時候，我們甚至不再喜歡彼此，睡夢中也能演唱那些歌曲。但我們覺得抱怨並不恰當，畢竟，我們幾乎每天晚上都能回家。

「今天你能打快一點嗎？」我們問鼓手。「已經晚了，士兵還沒來，回到家都三更半夜了。」

有時候，我們演奏不喜歡的歌曲時，鼓手真的打得比較快，而我們都覺得好玩。但是那天晚上不同——不知為何，感覺煞有介事。

我不確定那些士兵從哪裡來，但是數百人忽然開始走向我們。所有人都穿著橄欖綠的制服，我們也是，但他們的看起來布滿塵土，而且每個士兵都握著一把短的突擊步槍。隨著他們來人越來越多，我們感覺到強烈的性慾與侵略性，那是那麼多年輕男人同一時間的渴望。

我們雖然感到充滿力量，但我們知道那是虛假的力量。身為女人，我們是欲望的目標，但他們欲求的不是我們，我們只是他們表達渴望的管道。他們渴望別的東西：溫柔、理智、感動，一嚐令青少年興奮激動的事物。我們的目標是創造短暫的幻覺，在這一刻，那些我們全都可以給予他們。我們帶來的是家園一瞥，喚醒他們渴望的一切。雖然我們已經習慣自己之於這些年輕男人的衝擊，但即使他們身穿制服，我們仍然能看見他們內在的男孩。對我們來說，他們是男人，是軍人，但也是我們高中的朋友。我們知道很多時候他們也想哭，卻必須隱藏，有時候甚至對自己隱藏。他們必須扮演被指派的角色，成為眾所期盼的男人。

我站在那個舞台上，燈光直射我的眼睛。我看不見他們的臉，只有一片橄欖綠。全場靜默後，我微笑並開口：「哥拉尼，今晚我們真的很高興來到這裡。」接著我開始演唱伊扎克・勞爾（Yitzhak Laor）和馬蒂・卡斯彼（Matti Caspi）的〈搖滾女孩〉（Naarat Rock）。

當我唱到女孩跟鼓手纏綿的歌詞時，我回頭對鼓手微笑。那首歌他沒有打得比平常快，但歌曲結束時，我無法呼吸。

陽剛和陰柔之間的動態是，女人經常變成容器，盛裝男人的脆弱。男女的作用是個系統，雖然那個動態幫助男人「排解」他的需求，放置到對方之內，但也常令他無法真正接觸自己的感覺，同時也否認他的害怕、無助、罪惡、羞愧。

我們可以在男人和眼淚的關係見到那個動態。在我們的文化，一分為二的陽剛和陰柔常分別以剛硬和流動代表。異性戀的文化常常過分重視剛硬，將之與勃起、男子氣概、獨立、主動等相連，同時貶低流動，即嬌柔、脆弱、被動，甚至視之為骯髒。表現堅強就是表現剛硬，不能當個有漏洞、索求關注的寶寶。

陽剛和陰柔的分野在我們生命非常早期就自行出現。身為年輕的女人，我承認當一個男人進入你的身體，可能是種安慰他的憂傷、承接他的眼淚的方式。愛就和戰爭一樣激烈，性就和失落一樣令人情緒激動，而死亡總是無所不在。

/

班恩在當軍人的時候認識他的太太凱倫。

「她以前會在拉馬特甘的公車站等我，而我一下公車，我們就會擁抱，有時候站在那裡抱了三十分鐘，大太陽底下，難分難捨。然後我們會去我爸媽的家，我媽會準備豐盛的午餐。我們吃完就直接到床上去。我每次都累到自己也不知道怎麼發揮正常功能。我記得隔天早上醒來，感覺凱倫熟悉的身體，和她一起躲在毛毯底下，感覺很快樂。她是我的避難所。我回家的時候就需要她。」

班恩的單位因為反恐有功而獲得嘉獎。他們在阿拉伯領土的都會地區執行臥底行動，常常偽裝身分，扮成當地居民。他們蒐集情報，執行高風險的任務，例如解救人質、綁架、除掉目標人物。

這個團體的希伯來文叫做 *Mista'arvim*，來自阿拉伯文「*Musta'arabi*」（住在阿拉伯人之間的人），指的是會說阿拉伯語、「像阿拉伯人」的猶太人，或者承襲阿拉伯文化但並不是穆斯林的人。

班恩並不高大，而且因為綠色的眼睛、長長的金髮、秀氣的五官，當他們一夥走進阿拉伯市場時，常被指定扮成女人。

他坐在我的諮商室裡，告訴我一部新的 Netflix 影集，叫做 *Fauda*。

「你知道 *Fauda* 是什麼意思嗎？」他問。

我搖頭，他接著解釋：「那是身分暴露的暗號，阿拉伯語的意思是『搞砸』。我們會大喊*Fauda*，讓其他人知道，『快跑！我們已經被發現了』。寫那齣戲並飾演主角的人是我們單位的戰士，」他說：「劇中非常多的內容是基於真實發生的事。我開始收看，然後發現自己想著『什麼鬼？有夠荒唐』。」

「為什麼你看了，又覺得荒唐？」我問。

「我老實說。」班恩說：「是你在我們第一次諮商時用的那個詞：全能。我當時問你那是什麼意思，你說，『意思是有人認為他們無所不能，認為他們有超級英雄般的能力，沒有限制。神是全能』。你接著說，『神不會死，但人只能假裝全能，然後為此付出代價』。我記得我看著你，心想：哇，那個想法是哪裡來的？關於我自己，她到底要告訴我什麼？」

「對。」我說。「而我記得你接著告訴我，你們單位裡面有個人，在你受訓頭幾個月，讀了《第二十二條軍規》（*Catch-22*），某天他看著大家說，『我們瘋了，我要離開這裡』，然後就離開那個單位。而你說，就連當時，你也知道他懂些你們全都不懂的事。」

「對，他是正常的人，即使他看起來像是徹頭徹尾瘋了。」

「這麼正常才是瘋了。」

我們看著彼此，安靜了很久。然後班恩瞄了一眼手錶，倏忽起身，開始走向門口。

「我快搞懂了，博士。」他小聲說，「我快搞懂了。」

/

下一次諮商，班恩遲到十分鐘。他從來不曾遲到，所以我有點擔心，查看我的電子郵件，看看他是否來信說會晚到。我在想是不是上次那句「快搞懂了」，讓他今天無法準時來到這裡。他對即將揭露或發現的事情是不是感到焦慮？他是不是想放慢速度，暗示我，我們即將進入危險地帶？

人們接近敏感的情感之事，甚至是接近他們前來諮商想要解決的問題時，潛意識會對治療產生更多抗拒，因而「忽然」忘記出席或遲到，或用其他方式妨礙治療，這種情況並不罕見。

令班恩遲到的原因是什麼？他平安嗎？

有人敲門，是上氣不接下氣的班恩，他道歉，脫下外套，癱在沙發上。

「你不會相信，但不知為何，我竟然介入兩個打架的人，而我甚至沒意識到。」他說。「很奇怪。那樣的事已經好幾年沒發生了，我毫無頭緒。」

班恩看著我，從他的表情，我發現我必定一臉困惑或面露懷疑。他笑了，伸出手指：「我知道你那種表情。你瞇起眼睛。我知道，就像你的額頭有個問號。」

「有個大問號。」我說，自己也覺得好笑。「我很高興你看到我額頭上的大問號。」

「我來告訴你事情的經過。」他解釋。「我騎著腳踏車要來這裡，忽然聽見有人一邊尖叫一邊逃跑。我湊過去，看見一個大塊頭在打另一個比他瘦小的人。我心想他會殺了他。接著大塊頭忽然抓住那個瘦小的人，拿刀抵著他的喉嚨。事情發生得很快。他們好像在爭奪一個停車位，然後一發不可收拾。我想都沒想，就跳下去幫忙。」

我沒說話。

「出於直覺，你懂嗎？」班恩努力解釋。「人們不該那樣打架；太瘋狂了。我走向那個大塊頭，說『老兄，把刀給我，你不想為了停車位殺人吧？相信我，我是來幫你的。把刀給我。』大塊頭鬆開手，刀掉到地上，我迅速站到兩人之間，告訴瘦小的男人，『上車，快！』。那個人知道我救了他一命，於是衝向他的車，飛快開走。我對大塊頭說『保重』，便騎上腳踏車離開。抱歉，我遲到了。」

我深吸一口氣。「真是個好藉口，我能說什麼。」我半開玩笑，但其實非常嚴肅。「像那樣戲劇性的事件，很難介入。我看得出來某件事情讓你直衝進去，而且毫不退縮。你剛說好幾年沒發生在你身上，現在發生了，有沒有可能是因為你正接近某件和情感有關的事，也就是在這裡，在諮商的時候？這和我們『快搞懂了』有沒有關係？」

對於我的問題，班恩看起來並不驚訝，也沒有顯得煩躁，而是點頭。

「我想你說得對。我上前去，因為我在尋找某個東西。」

我還不是完全清楚我們正在討論什麼，但我了解班恩需要更靠近某些未處理的情感經驗，而那些經驗充滿攻擊性、危險，甚至涉及殺害。

「我需要想起某件我寧願忘記的事，」他說：「但那件事纏著我。過去幾個月，我會驚醒，忽然回到以前。」

我看著他，明白關於他的軍事行動，還有很多我還不知道的部分。

班恩摀住臉，我看得出來他在思考，接著他說：「你說得對，博士，我記得你曾告訴我，驕傲是我們的敵人。如果我還是個青少年，假裝自己是超級英雄，尋求報復，我就不是真正的男人。」

「所以你演出你的感覺，而非理解你的感覺。」我說。「你重新經歷你的創傷，不是處理你的創傷。」我接著說：「我不知道有沒有所謂『真正的男人』，但我相信能夠面對現實，才是堅強的證明。當你有辦法做到，你就能拯救自己，也不讓下一代承受你未處理的創傷。」

「我完全知道你的意思。」班恩說。「我父親是六日戰爭（Six-Day War）的坦克駕駛。」

一九六七年六月，班恩的父親二十歲時，六日戰爭爆發。班恩對他父親在那場戰爭開坦克的事情知道不多。「我爸從不談論這件事情，我只從我媽那裡聽說。他們認識時，那場戰爭才剛結束，他在耶路撒冷作戰，而他最好的朋友在他面前死去。」

六日戰爭是一九四八年以來，以色列第三大戰爭。改變猶太男性刻板印象的正是那場戰爭。以色列人對於六天之內打勝仗的青年非常驕傲，於是以色列男人新的形象應運而生。男人不只變得更陽剛，還像大衛王，能憑自己的力量擊潰更強大的敵人。

首相伊扎克・拉賓（Yitzhak Rabin）在那場戰爭之後宣布，打贏戰爭的不是科技，不是武器，是男人——是那些儘管敵方在人數和防禦工事都居於優勢，依然能在各處克敵制勝的男人。他宣布：「唯有他們直接對抗巨大的危險，才能為他們的家國取得勝利；倘若他們沒有獲勝，等著我們的另一條路就是全面的毀滅。」

當時，年輕男性的工作是避免被全面的毀滅。他們憑著這個方式走過大屠殺的創傷以及猶太人長期以來對於迫害的恐懼。男人化身成極為陽剛的角色，背負著歷史的重量。在十八歲的年紀，他們就開始擺出信心滿滿與無所畏懼的模樣。

「小時候我記得，父親會在半夜尖叫驚醒。」班恩說。「他精神受創。誰知道他看過什麼？六日戰爭沒過幾年我才出生。」

班恩這個名字，在希伯來文意味著「男孩」。班恩同意我寫下他的故事時，也幫我選了這個假名，用來掩飾他的真實身分，同時代表他的父親希望老大是兒子的願望。

「我被徵召入伍那天，父親什麼也沒說，他來回踱步，不發一語，然後他走到我的身邊，低聲說，『沒必要哭，孩子。做你該做的，願神與你同在』。他已經知道人非全能，只有神是。他知道我要去哪裡，而且在某個恐怖的事件之後，他是那個擁抱我的人。我不用告訴他一切，他就知道，他也知道我再也不是同一個人。」

班恩還沒告訴我的恐怖事件，顯然正是讓他和父親心靈相通的時刻。他們不需要言語，他們可能也沒有那些言語來描述相同的心碎。

「你想告訴我那個事件嗎？」

班恩沉默半晌。「我年輕從軍的時候，」他說：「殺了一個人。」

我們兩人都無聲。

「我永遠不會想到那和今天街上發生的事有關，但當你提到那個連結，我發現當然有關。我們開始談到我的從軍經驗，而我來找你的時候，發現自己再次身處戰區，這次是在紐約市中心，而且我直接過去，彷彿有什麼目的，可能是想救某人一命。」

班恩告訴我三十年前那個重創他的日子。那天天氣炎熱，他們坐在山丘，監視一群在阿拉伯領域的人。忽然，他們被人包圍。

「*Fauda*！」有人大喊。

他看著我，眼中充滿淚水。「我是狙擊兵。被我射殺的人比較年長，大約三十多歲，當時我心想，這個人一定是個父親。」他說。「是個父親。」他重複，語氣堅定，同時看著我，彷彿在問：你明白我在說什麼嗎？

「我看他越靠越近，於是對著他的頭開槍。我從槍的瞄準器清楚看見他。我看著他的雙眼，再看著他的頭炸成碎片。」班恩摀著臉，小聲說：「不可原諒。」

我不發一語。可說的不多，但要承受的傷痛、罪惡、劇烈的恐怖很多。

「我們被選入那個單位，感到非常驕傲，裡頭的青少年不會去想生死，只想當勇敢的男人，不想當男孩。直到現在，我才對自己說，當男孩有什麼不對？現在，我自己也即將有小孩，所以那些事情全都回來了。我半夜醒來，看見那個男人的臉——我無法不看見那雙眼睛，我無法不去想他的小孩，無法忘記我做過的事。」

班恩開始啜泣。

「我不是為我自己而哭。」他說。「過去我無法挽回。我為不公不義而哭，我為慘無人道而哭，我為那些小孩而哭。」淚水從他的臉頰滾滾流下。

我能了解，生與死、過去與未來、他殺死的父親和他即將出生的孩子，全都交錯混雜在一起。

班恩想要處理創傷和過去的羞辱，他想當個凱旋返家的英雄，修復他父親的尊嚴、創傷和歷史的傷痕，但他反而直接被帶進那個創傷。現在他不光是受害者，而是同時變成受害者與加害者。他殺了另一個人的同時，也殺了自己的靈魂。

「可以哭了。」我說，指的是在他夢中出現的父親。「有很多要哭。你父親說得對。」

班恩點頭。「當時，我是男孩，但以為自己是男人。現在，我是即將有個兒子的男人。我會保護我的兒子，你是我的見證人。」

他擦去眼淚，而我感覺自己淚水盈眶。年輕的軍人不哭，但是男人，以及父親們，終於可以開始悲傷。

第8章 死去的哥哥，活著的妹妹

我們的情緒繼承塑造了我們的行為、見解、感覺，乃至於記憶。從小，我們學會聽從父母發出的訊號，學會避開他們的傷口，盡量不要提起，也絕對不要觸碰不該打擾的事物。我們努力迴避他們和我們自己的傷痛，同時對於眼前的事物視而不見。

愛倫坡（Edgar Allan Poe）的第三本短篇偵探小說《失竊的信》（*The Purloined Letter*），裡頭描述有人從一個女人的閨房偷走一封信。讀者不知道那封信的內容，但我們知道那是祕密，而且不能看。警察相信那封信被放在某間房子，於是他們進去裡頭，卻遍尋不著。結果，信根本沒被藏起來，而是大剌剌地插在一座卡片櫃上。警察見狀，一頭霧水，他們原本以為要去揭開祕密的真相。

我們傾向認為，看得見的東西就是我們知道的東西。事實上，我們自己的某些部分，就位在我們熟悉甚或明顯的地方，但是我們卻不了解。往往，我們也知道那些就在眼前，卻依然視而不見。

我第一次遇到個案黛娜時，並不知道她的家族創傷會觸及我自己的。我的家族創傷在我們之間揭開，起死回生。一個鬼魂喚醒另一個，而在我們還沒意識到的時候，就將我們帶往新的地方。

我母親的哥哥十四歲那年溺死在海裡，當時我母親只有十歲。在我們家，這並不是祕密，但是我們從不談論。我們全都知道我的母親無法描述童年的那一段。我們理解對她而言，去回憶就是去經歷某件她不堪經歷的事。從前那個十歲的女孩已經破成碎片，再也無法恢復。部分的她已經和哥哥走了，只有掛在我外祖父母家客廳的一張照片提醒眾人——許多年前，事情並非如此。

她的小孩，就是我們，全都戒慎恐懼，努力絕對不去觸碰那顯然開放的傷口，對我們全體而言那是敏感話題。

偶爾，當有人在街上吹口哨時，我們全都停止呼吸，等待我母親輕輕嘆息：「我的哥哥艾利，」她的聲音變成小女孩。「他很會吹口哨，他的口哨絕對最響亮。」然後她會沉默，接著轉移話題。

我們想要保護所愛不受傷痛侵襲，方法竟是在我們心中遺忘、分離，隱藏那些回憶、故事、事實。我們知道那些事情，儘管如此，我們不去記得。我們潛意識的心靈永遠對我們所愛的人忠誠，也對他們靈魂當中不可言說的事實忠誠。所以，雖然有個熟人住在我們體內，我們卻待之如陌生人。

我當然知道母親失去兄長，我當然記得自己聽說的所有細節；但同時，我既不知道，也從不記得。母親童年的那個部分住在我的體內，是一個孤立的膠囊，與其他一切格格不入，而當我的個案黛娜第一次走進諮商室，告訴我她過世的哥哥，我看著她的眼淚，當下想不起來，也沒有發現，她就是我那個內心崩潰的母親。我只知道我無法呼吸。

黛娜告訴我，她想接受治療。「但不是因為我死去的哥哥。而是因為我太情緒化了。我需要學習控制情緒。」她說。

黛娜和我的母親一樣，十歲的時候，哥哥死於車禍。現在她二十五歲。「一個人能傷心多少年？」她問。她又哭了，同時對於哭泣的自己無可奈何。她告訴我，她恨自己，這幾年來都不能過得像個「正常的女孩」，無法止住淚水，無法忽視人們指著她，竊竊私語說著「哥哥死掉的女孩」。

為了遺忘，為了成為一個新的人，她搬到紐約市。「除此之外，」她說：「我甚至不確定我哭的原因是不是他。我就是這麼愛發牢騷，我需要治療，才能開始我的人生。」

「開始你的人生。」我點出來。

「也許我已經開始了，但我又得暫停，而且我不確定怎麼解除暫停。」她回答。她用幼稚的語氣問：「你知道人生要怎麼解除暫停嗎？」我看見她的手指在椅子上輕輕敲打。

/

我母親的哥哥溺死在地中海。她很崇拜他；她愛他的口哨聲，他的笑話、他聰明的點子。

黛娜告訴我她哥哥的事。「他是世界上最風趣的人。」她笑著說：「我以為我長大後會嫁給他，或至少像他一樣的人。」她的眼睛充滿淚水。顯然她的傷痛依舊深刻，所以字字句句充滿痛苦。失落永遠無法完全消化，但是對她而言，此時此刻，失落仍是表面沒有癒合的傷口，而且每次想到就痛得無法忍受。我意識到她需要我握住她的手，慢慢指引她走過傷痛和重創的地帶，但是在這點上，我沒發現我也在造訪自己的家族創傷。

十五年來，黛娜都與她的傷痛獨處。她拒絕和任何人談論她的過去，如此才能不讓自己崩潰，然而，她也必須同時暫停她的人生。她凍結在原地，是那個十歲失去哥哥的女孩。

哥哥去世後，她的父母雙雙陷入憂鬱，不能正常生活。她的父親無法繼續工作，她的母親無法下床。這是痛失所愛典型的情況，黛娜不只失去哥哥，實際上她失去一切——原本的家庭和生活。她無法拿自己混亂巨大的傷痛去打擾父母，她努力裝作一切如常，專注在學校課業。但她集中不了精神，每堂課都不及格。「我很笨」，她下了這個結論。

/

黛娜覺得走進我的諮商室是件恐怖又困難的事。她朋友的治療師介紹她來找我，但是她把我的號碼放在包包將近一年才打電話。

許多年來，她努力不去想，不去知道；情緒太多時，她就切斷連結，彷彿一直被鎖在黑暗的地下室。而現在我們試著慢慢打開燈，但又不刺痛她的雙眼。

遇到傷痛，很難不感到孤單。某個程度而言，所有感覺都孤立難解，而我們透過文字轉化它們，變成能與他人分享的形式。但是文字並不總是足夠捕捉我們感覺的精髓，所以就這個意義來說，我們永遠孤單。遇到傷痛和失落時，更是如此。為了生存，我們不只切斷與他人的連結，也切斷與自己的連結。我們為喪失的一切哭泣——我們愛的人，我們過去的生活，我們從前的自我。

哀悼是私密、孤獨的經驗。人與人之間，不必然會因為哀悼連結，反而會因為哀悼分離，於是人們被孤立在自己的傷痛之中，覺得不被認得、被誤解，或隱形不見。我們需要另一個心靈來幫助我們認識自己的內心，並感覺、消化我們的失落，以及我們的羞恥、憤怒、罪惡感，甚至是羨慕，或將自己等同死者，這些一旦產生連結就會令我們焦慮的一切。

黛娜需要我從內在了解她的苦難。雖然她不知道，或者她已經察覺，我倆都沒意識到，其實我比她更清楚她的感受。我不需要回想自己的過去，因為我正在經歷。我是她的治療師，我是我母親的女兒，我也是一子一女的母親。而我親眼看著我母親和黛娜，也對他們產生認同與共情——死去的妹妹之於死去的哥哥。這些角色，儘管有些我們的自覺多，有些我們的自覺少，但在我們的旅程當中，卻全都陪伴著我們。

「某個方面而言，我們永遠在哀悼。」我這句話是在提醒，失落的過程持續跨越數十年和數個世代。我的母親仍然健在，而六十年前，她失去了哥哥；此時，我的小孩和我與那未處理的失落同在。那個悲傷住在我們每個人體內，而在那個意義之下，它成為了部分的家族傳承。

/

黛娜清楚記得那個時刻。再過幾天就要放暑假了，雖然每個人都來到教室，但顯然連老師都懶得上課。孩子們在計畫學期末的派對，此時有人敲了教室的門。

我自己的母親在悲劇發生時，則是坐在餐桌附近做作業，盯著筆記本瞧。她是優秀的學生，總是準時完成功課。忽然她聽到尖叫聲，彷彿某種受傷的動物，這是她母親的聲音。

敲門的聲音傳來時，黛娜正遠眺窗外。老師上前開門，黛娜看見護士在老師耳邊竊竊私語，他們兩人看來都很嚴肅，接著老師說：「黛娜．葛倫，護士要你去她的辦公室一趟。」

我的母親當時聽到她自己的媽媽大喊、啜泣、尖叫。「我的兒子，我的兒子在哪裡？把我的兒子找回來。」整個社區都聽見她的聲音，人們過來，聚集在屋裡，邊哭邊向神禱告，希望這一切只是天大的誤會。忽然，她的媽媽倒在地上。

黛娜靜靜跟著護士走到辦公室，門一打開就看到她的爸媽。他們叫她坐到身邊來。

「之後我就不太記得了。我只記得我不太理解發生了什麼事，但每個人都很難過，而我像隱形一樣。我知道出了大事。」

黛娜在哭。我和她一起哭，感覺就像我是第一次聽到這麼嚴重、這麼痛苦、這麼崩潰的事。就像這是我第一次需要思考一個妹妹失去哥哥的情況，而從許多方面來看，確實這是第一次，我允許自己想像難以想像的事。

就像我的母親，我從不讓自己去想起那個經驗，既不去經歷，也不去感受。黛娜帶我到了一個家族祕密被掩埋的地方。因為我們不去想起，所以可以「眼不見、心不念」，並避免涉入，否則那個區域太過危險。我和黛娜一起去到那裡，但尚未完全明白我正前往何方。我默默跟隨著她，拜訪隱藏的墳墓。

黛娜哭了好幾天、好幾個月。她哭，而我有時跟著她哭，向她解釋她為了什麼而哭，她有多麼困惑與害怕，為什麼她會感到罪惡、醜陋、骯髒。她如何看著她的父母崩潰，自己卻無能為力；她如何隨著哥哥一起死去。

/

黛娜最後一年諮商期間，我生下第三個孩子，蜜雅。

「她有哥哥。」我的母親聽到消息後哭了。我知道她想起自己曾是妹妹，而我發現自己想著黛娜。

幾天後，我收到黛娜的電子郵件。

「歡迎光臨，小妹妹。」她寫信給我新生的女兒。「新來的妹妹你好，寫信給你的我也是個妹妹，重獲新生的妹妹。」

第三部

自己

看見我們對自己隱瞞的祕密，
讓傷痕到此為止

第三部是關於我們不讓自己知道的祕密和對於真相的追尋：探索真心的愛情、真摯的親密關係、真正的友誼，也是療傷的過程。這一部檢視我們為了認識自己，為了細細處理過去的創傷，接受我們與周遭的人的缺點和限制，因而必須走過的一段路。當我們分析自己可能傳遞給下一代的創傷，就能踏出一步，打破跨世代的創傷循環。這個情緒功課，不只為了我們的前人，也為了我們的後代。

親密關係可能導致危險，經常在我們的家庭上演。父母脆弱的時候產生心理矛盾，並傳達給小孩。他們通常不是避開真正的親密交流，就是躲在他們的傷口背後，製造親密的假象，讓子女成為照顧他們的人。

身為子女，我們不僅經歷父母的畏懼，也繼承那些畏懼，用我們父母的方式認知這個世界，也用類似的方式保護自己。我們費盡心思來保守家族的祕密，但多數時候，我們是在努力不讓自己知道那些祕密。

我們不讓自己知道某些事情，於是我們不認識自己，也不認識其他人或被其他人完全認識。第三部描述的是一個不斷進行的過程——檢視我們生活與童年留下的傷痕，以及我們希望成為比自己父母更好的爸媽。這一部也檢視忠誠的衝突，這樣的衝突發生在戀人、親子、女性朋友的感情之間。

我們整合、處理痛苦的能力若可以逐漸提升，就能幫助我們尋找意義、療傷、發揮最大的生命潛能，並以真摯坦率的心態養育下一代。

第9章
為完美的好友保守祕密，直到永遠

我很少會因為個案的祕密而卸下防備，但對於伊莎貝拉的死，我卻猝不及防。

我從沒見過伊莎貝拉。她是我的個案娜歐蜜最好的朋友。治療師感覺自己認識個案的朋友、情人、家庭，這種情況並不罕見。某方面而言，我們相隔一段距離陪伴這些人，彷彿他們是我們心愛的書裡的角色。我們永遠不會見到他們，但我們熟悉他們，對他們產生感情。我們和個案生活中的人物相連，我們追蹤他們的故事，看著他們和我們的個案改變，也看著他們的關係發展，有時則是結束。

娜歐蜜和我諮商已經三年，我也因此認識從小和她一起長大的朋友伊莎貝拉。她們都是獨生女，所以某方面而言她們就像彼此的姊妹。

娜歐蜜抽出一張面紙，她在發抖，她告訴我，伊莎貝拉被診斷出卵巢癌，而醫生尚不知道情況多壞，或者能不能治癒。

我們兩人都沉默。

伊莎貝拉幾個月前才剛生了小孩。她一直想要有個大家庭，因此當她得知自己帶有BRCA1，就是所謂的乳癌基因，她和丈夫決定趕快再生個小孩，接著她就可以接受雙乳切除術，她相信這個手術可以救她一命。

「現在太遲了。」娜歐蜜輕輕地說，又馬上加了一句：「但是伊莎貝拉很勇敢。如果有誰撐得過去，那肯定就是她。」

我發現娜歐蜜安慰自己的方法，就是將伊莎貝拉理想化。

娜歐蜜和伊莎貝拉九歲的時候相識，兩人放學後都會去鎮上的音樂劇團。

「伊莎貝拉是那種你不可能不去注意的女孩。」娜歐蜜在我們剛開始諮商時就這麼告訴我。「她從小就是美女，舉手投足好像知道自己很有才華、魅力，不需要其他人來告訴她。我們都想親近她、和她交朋友，想成為她。」

四年級的時候，音樂劇團表演《阿拉丁》，而伊莎貝拉被選為女主角茉莉公主。

「一點也不令人驚訝。」娜歐蜜笑著說，但也有點不快。「伊莎貝拉不僅才華洋溢，雖然她年紀還小，但她也和茉莉一樣，是個公主，相信愛情，對抗不公不義。我們全都羨慕她能自由地發表意見，她不怕大人，也不服從權威。」

伊莎貝拉拒絕擔任女主角，她反對導演的決定，並說，她是新來的學生，由她來演茉莉公主不公平，這個角色應該給待在劇團比較久的孩子。

「她不害怕。」娜歐蜜又說了一次，而我知道她沒有發現，伊莎貝拉拒絕那個主要角色的同時，背後其實隱藏著恐懼。娜歐蜜想著自己的人生，將自己和伊莎貝拉比較，但只看得見朋友的膽識。她動彈不得，無法擁有自己的人生。

誰才是娜歐蜜人生中的主角，這件事情不總是清楚。有時感覺她把那個角色給了她的母親，有時候則給了伊莎貝拉，自己再默默接受配角的位置。說起童年，娜歐蜜描述她的父母是完美的夫妻，她的母親善良、迷人、美麗、充滿愛心，聽起來彷彿她常被落在一邊，從外頭見證父母的愛。她崇拜母親，也崇拜父母的關係。娜歐蜜找到了方法實現那樣的關係，就是把伊莎貝拉理想化，和她成為朋友。

娜歐蜜決定接受心理治療，因為她不快樂，但不知道為什麼。我們第一次諮商的時候，她說自己在充滿愛又關係穩定的家庭中長大，接著告訴我伊莎貝拉的事——伊莎貝拉不像娜歐蜜，撫養她長大的是單親媽媽，而且家庭狀況反覆無常。娜歐蜜告訴我，伊莎貝拉總是在尋找答案，而娜歐蜜自己，甚至沒有任何問題要問。現在，娜歐蜜正在尋找某件事物，但她也不知道是什麼。

就連在娜歐蜜自己的治療裡，有時候伊莎貝拉彷彿還比娜歐蜜重要。當我書寫娜歐蜜的故事時，不只一次，伊莎貝拉接替娜歐蜜成為主角。這種一再出現的情況帶領我們進入娜歐蜜不為人知的痛苦核心——關於知曉與被人知曉，關於自卑與競爭。娜歐蜜和我都想了解，我們真正認識的是誰、我們真正知道些什麼，而我們隱藏的手段又是什麼。

/

「我昨晚沒睡。」再次諮商時，娜歐蜜開口就這麼說，她看起來很苦惱。「伊莎貝拉半夜打電話給我，一本正經，要我盡快過去。她要告訴我一個祕密。」

娜歐蜜暫停，轉向我。「我們一直都很要好，我不認為我們之間有什麼祕密。我很擔心，她究竟要告訴我什麼？」

我們坐著，不發一語，我的腦袋閃過許多念頭。

「我明天要去見她。」娜歐蜜這麼說，想要消除自己的恐懼。「沒事的。伊莎貝拉想要和我分享她的祕密，這是我的榮幸。」她微笑，接著說：「你知道嗎？我一直都在幫她保密。」

高中的時候，伊莎貝拉一天到晚都待在娜歐蜜的家。有時候她告訴媽媽自己在娜歐蜜家，但其實是在男友山姆家過夜。娜歐蜜很高興自己是伊莎貝拉的不在場證明，畢竟，伊莎貝拉不只是她最要好的朋友，也是她們那個年級最受歡迎的女生。她是學生會代表、排球隊隊員，也是學校樂團的主唱和吉他手。她比其他人更早知道怎麼化妝，而且她是男孩們的最愛。

山姆是伊莎貝拉第一個男友。高一的時候，伊莎貝拉告訴娜歐蜜，她愛上了山姆。山姆很受歡迎，也是籃球校隊隊長。他們第一次接吻時，伊莎貝拉跑到娜歐蜜的家告訴她，沒過幾天，她就給娜歐蜜看山姆寫給她的字條：「我無法不想你。」他簽名還畫了愛心，她們兩人都很興奮。

伊莎貝拉和山姆交往了幾年，她的初夜對象也是山姆，她也告訴自己最好的朋友娜歐蜜這個祕密。高中畢業後，伊莎貝拉和山姆分手，各自上了不同的大學。

她們二十幾歲的時候，伊莎貝拉的男友一個換過一個，每個都愛得死去活來。這些娜歐蜜都知道，而且總是有點嫉妒，此外，每當伊莎貝拉把男友擺在她之前，娜歐蜜也有點不是滋味。她想要像伊莎貝拉那樣被愛，卻事與願違，就像她自己和母親的關係，她總是看著別人戀愛。

二十幾歲的某天，娜歐蜜在街上巧遇山姆。她立刻打電話給伊莎貝拉，告訴她這件事。她問伊莎貝拉，自己可不可以跟山姆約會。伊莎貝拉不介意，她正在和另一個男生談戀愛，她祝福娜歐蜜。幾年後，伊莎貝拉是娜歐蜜和山姆的伴娘。

現在，娜歐蜜快四十歲了。她回想過去，想要知道自己為什麼不快樂。我聽她娓娓道來自己和母親的關係，和伊莎貝拉的友情，和山姆的婚姻。

「我到底缺了什麼？」娜歐蜜又問了一次，掩飾不住失望。我們兩人都很明白，她很努力對她的人生和身邊的人保持全盤理解。

「人生很短，」她接著道歉：「我知道這句話很老套。」我知道娜歐蜜說的是伊莎貝拉的病讓她意識到人生無常，她覺得害怕，也感到失望。

「表面上我擁有我想要的一切，我也愛我的家人，但我感覺極為失敗，好像生命應該是別的模樣，強過現在這樣。現在伊莎貝拉病了，我很生氣。」娜歐蜜的聲音大了起來。

「有時候我覺得我誰都不認識，連伊莎貝拉也不認識。我有一種被人背叛的感覺，但我不知道為什麼。」

我知道娜歐蜜的意思。娜歐蜜看待伊莎貝拉的方式，以及看待自己的童年與完美的母親，常常連我也覺得不真實。她將周圍的世界理想化，藉此避免自己看見事物真實的模樣。她不只不認識別人，她也害怕探索自己。

理想化是一種防禦機制，把某些人、事、物視為完美，甚至比現實更美好，並抱持著這種假象。這樣的機制建立在好與壞的區別上。兒童會這麼做，以便建構安全與穩定的世界。隨著我們長大，較不那麼脆弱，就會允許自己看見比較複雜的世界。然而長大的我們，有時候也會利用理想化來假裝事情完美無瑕，人們沒有缺點，我們對他們也沒有任何負面或矛盾的感受。

「我一直都想和我媽一樣，她是我的目標。」娜歐蜜看著我，接著尷尬地說：「但我失敗了。」

我發現娜歐蜜對伊莎貝拉的感覺也是類似。她將這兩個女人理想化的時候，也把世界分成好與壞，並把她們視為完美，把自己視為失敗。如此一來，她才能盡量不去碰觸她對她們，以及她對自己，內心真實的感受。娜歐蜜不能讓自己知道她對她們的感覺有多麼矛盾——她是多麼羨慕，又是多麼生氣。相反地，她把那些負面感受指向自己。

「她永遠比我優秀。她美麗、聰明、有才華，而我什麼都不是。我知道這樣很幼稚，但我想要指著我媽說『真不公平，你跟我保證的不是這樣。』」娜歐蜜深吸一口氣，心煩意亂，繼續說：「我爸媽很恩愛，他們是完美的夫妻。那不就代表我自己的婚姻也應該幸福嗎？難道不是嗎？」

我停下來，心想該不該指出那件明顯的事。「聽起來像是，你覺得自己矮人一截，甚至，也許和你的母親相較之下，你沒有價值？」

娜歐蜜露出好奇的臉，彷彿我的話逼她重新思考一切。我繼續說：「雖然我們的父母可以是我們感情生活的榜樣，但是，我們之後在親密關係中重複的，通常是我們和父母的關係。」

娜歐蜜的表情震驚，而我擔心，也許剛剛說了不該說的話——明顯但不可言說的事實。

「沒有價值。」她重複我的話。「我記得大概十歲的時候，我告訴我媽，我不相信他們像愛著彼此那樣愛我。」娜歐蜜嘆了口氣，繼續說：「我媽聽了很不開心，她說我不該那樣說話，他們當然愛我，而且我長大之後也會像他們一樣。」娜歐蜜停下來看著我。「但我從來沒有。」她說。「山姆愛我，但他永遠不像愛伊莎貝拉那樣愛我。她是他的初戀。」

娜歐蜜試著忍住眼淚，她不想哭，但她忍不住。「我希望你知道我有多愛伊莎貝拉。」她說。「我覺得很崩潰。她現在生病，我竟然還這樣比較我們兩人，真是糟糕。」

伊莎貝拉正在為生命奮鬥，娜歐蜜正在努力釐清自己的生命。伊莎貝拉的病強迫娜歐蜜面對我們活著極其痛苦的限制：沒有什麼事情永遠美好或永遠持續，我們全都有所不足又相當脆弱。人人都有可能遇上壞事，即使是那些我們理想化的人。

娜歐蜜離開前，要求明天再來諮商。於是我們約了一個時間，在她和伊莎貝拉吃完早餐之後。

娜歐蜜離開了，而我心情沉重。

/

隔天，娜歐蜜一進來就倒在我的沙發上。她的雙眼發紅，不說話，只是嘆氣。

壞消息。

「太殘忍了。」娜歐蜜終於開口。「伊莎貝拉沒剩多少日子。」她哭了起來。

我的腦袋浮現許多問題，但我保持沉默。

「伊莎貝拉打包很多東西給我，要我在她走了之後轉交給她的四個小孩。」娜歐蜜輕聲說。「那是她的祕密，她不希望任何人知道那些包裹。」

「真是心痛。」我說，接著娜歐蜜告訴我那些包裹的由來。

「一切是從伊莎貝拉讀了一個女人的故事開始。那個女人知道自己不久於人世，於是為家人準備了好幾年份的晚餐。那個女人連續煮了好幾個禮拜的飯。」她接著說。「她把所有飯菜裝進盒子，貼上日期，冰在一個大冷凍櫃裡。」

娜歐蜜深吸一口氣。「伊莎貝拉說她很後悔沒有好好學做菜。『你能想像我逼他們吃我煮的菜，連吃好幾年？』她開玩笑，我假裝覺得好笑。」

她們兩人都笑了。伊莎貝拉告訴娜歐蜜，她想留些東西給小孩，為她可能無法參與的重要節日準備信件和禮物。她們兩人都知道，像那篇文章裡的母親，伊莎貝拉無法想像和她的孩子分開。

娜歐蜜不看我。「許多人得了癌症又痊癒，說不定她也是。」她說。我發現她想讓自己冷靜下來，試著合理化一切，不要那麼無助。

她繼續說道：「我告訴伊莎貝拉『不要去想那件事。你就要接受實驗治療了，還有希望』，我握著她的手，緊緊不放。我說：『小伊，你是鬥士。還沒結束。』」

「伊莎貝拉沒有回答。我看得出來她聽了覺得很煩，但她保持沉默，只是給我四個藍色的大箱子。她要我仔細看過她的說明，確定我知道怎麼處理那些箱子。」

「『八歲生日打開。』這是她寫在藍色方形大信封的字條。另一封寫著『上學第一天打開』。」

「裡面有祝福的便條、禮物，專為生日和畢業典禮準備的信。她留給女兒一人一本青春期的書，和我們十二歲時一起讀的是同一本。那實在太痛苦了，我一度停下，無法繼續。『小伊，為什麼？』我想問她，但她鐵了心，所以我知道我應該照她的希望去做；如果她做得到，我應該也做得到。」

娜歐蜜和我安靜坐著。沒有擺脫痛苦的方法，文字也無法描述。

「我離開前，伊莎貝拉似乎非常焦躁。我感覺她想告訴我什麼，但說不出口，而我必須承認，我不確定自己是不是想知道。已經太多了。」娜歐蜜搖頭。「我好像是個壞朋友。」她說。「伊莎貝拉需要我和她一起想像，和她的孩子道別、再也見不到他們是什麼感受。她要我知道，某天他們會需要她，但那個時候她已經不在了。可是我無法。我希望我能把自私的悲傷擺到一邊，幫助她。我希望我剛剛有勇氣問她，她還想告訴我什麼。」

娜歐蜜離開我的諮商室，而我慶幸她是當晚最後一位個案。走路回家的時候，我聽著城市熟悉的嘈雜，就像我諮商室裡的白噪音機，當我獨自一人時幫助我做白日夢。

曼哈頓的包厘街（Bowery）從來就不平靜，我的思緒隨著忙碌的節奏自由流動。我有股強烈的衝動，想要飛奔回家，擁抱自己的小孩，緊緊抱住他們，不讓他們走。我記得他們還是嬰兒的時候，我會一邊趕路，一邊想像我們團聚的場面——他們的笑容，他們的氣味。

但是我沒有，我在街上遊蕩。我在包厘街漫無目的走著，沿著每天上下班的同一條路來回，然後我哭了。我為伊莎貝拉哭，為她年幼的孩子哭；我為娜歐蜜哭，為娜歐蜜所不知道的、我的人生而哭：我的伴侶路易得了膀胱癌，正在為他的生命奮鬥。

我走在街上，背負著個案的傷痛、我自己的傷痛，並不知道死亡比所有人預期來得更快。伊莎貝拉會死，不久之後，二月某個寒冷的早晨，我也會敗給癌症，失去路易。

我發現自己盯著一群年輕人，他們在當紅的新餐廳外等待空位。我曾是他們其中一人，但那個年代似乎非常遙遠。我的目光帶著渴望，看著他們，只看見純潔、天真、無邪。他們看起來全都如此快樂，如此耀眼，彷彿他們不曾失去任何人，不曾崩潰，不曾想過轉個彎就會遇上癌症，不曾意識到自己可能會失去一切。

一分為二的念頭，不是全有就是全無的防衛機制，再次出現。就像遭逢劇變時那樣，將世界分為好與壞；分為受苦的人，以及我們認為不懂傷痛的人。而我們看著他們，既納悶又羨慕，那些健康的人啊，我們想像他們並不懂得悲傷的滋味。

對娜歐蜜而言，我就是那些人。她需要看到我活在現實的法則之外，百毒不侵、堅不可摧。在那裡，我們是活下來的人，或者我們之後會活下來。她認為我足夠堅強，可以陪在她的身邊——儘管這樣的想法能幫助她，然而，看見我不受傷害，又會讓她再次落單，讓她和理想化的他人連結，感覺沒人真正懂她。

「我覺得好孤單。」她說，而我有同感。人生路上的情緒，需要另一個人親眼目睹，陪伴我們經歷。我們需要有人知道。

娜歐蜜小的時候，沒人承認她的傷痛，因此她無法理解這些傷痛，只能加以否定。父母承接孩子的情緒，能陪伴他們度過人生，賦予他們的情緒名稱，幫助他們容忍只要是活著就會有的強烈情緒。現在，娜歐蜜想起自己孤單的感受，懷疑我能不能理解；此外，她也意識到，她擔心知道太多自己的傷痛，也擔心知道太多伊莎貝拉的傷痛。

唯有在處理我們自己的悲傷時，我們才能騰出空間，坦然面對彼此的脆弱與情緒。在那裡，我們能夠認得對方，而且不會想要故作高明，不會想要動手修復或提供樂觀的建言。相反地，我們準備互相陪伴、傾聽，藉由他人的傷痛承受我們自己的傷痛。

伊莎貝拉生命的最後幾週，娜歐蜜和伊莎貝拉的家人一起坐在安寧病房床邊，握著她的手。

伊莎貝拉較大的孩子照常上學，好像什麼也沒發生。孩子面對失落的方式可能莫名其妙，他們擔憂的事情也許聽來無關痛癢，像是「晚上誰來陪我睡覺」，但請別將他們解離的狀態和對人缺乏關懷混為一談，也不要責備他們自私。悲傷是棘手又難料的東西，每分每秒都在改變，而且常常以偽裝的姿態出現。從某方面來說，難以承受悲傷的時候，我們都是孩子，需要有人告訴我們死後還有來生。

躺在床上的伊莎貝拉逐漸切斷與生命的連結。

「我感覺自己在很遠的地方。」她告訴娜歐蜜。「今天我看著鏡子，感覺我已經走了。」

娜歐蜜告訴我她的罪惡感，以及分離的痛苦。「她很激動，又生氣。」她說。「我一直覺得自己做錯了什麼。我可以更有用，我可以做得更好。」

我知道娜歐蜜對於自己健康活著感到罪惡。因為她無法拯救伊莎貝拉，甚至拋棄了伊莎貝拉，讓伊莎貝拉獨自走向未知。但娜歐蜜也感覺被人狠狠拋棄，並為之崩潰。

星期一早上，沒人在的時候，伊莎貝拉走了。

「她在等我們離開。」娜歐蜜說。

娜歐蜜被留下來消化自己的失落，細數自己的後悔，回憶她們的友誼，並思考如何繼續生活。

「你能相信這是真的嗎？我失去伊莎貝拉。她永遠不會回來了。」她啜泣，我也和她一起流淚。我感覺自己也失去了什麼，但我的是某種不尋常、不認得的失落。我為一個從不真正認識的女人傷心，並哀悼我曾經經歷的每次失落，哀悼我失去的未來。

/

隔天，下起了雨。通常，我一早走去諮商室時，會邊聽手機的語音留言。今天早上，我一手拿著雨傘，另一手試著把手機靠在耳朵旁邊。

最近我很少收新的個案，但是我聽到的留言有些不尋常，我心頭一緊，又聽了一遍。

「我需要覺得悲傷，但不知道該怎麼做。」來電的人說。好奇的我回了電話，和他約了見面的時間。

隔了一週，一個四十多歲的男人走進我的諮商室。

「嗨。」我說，並稱呼他的名字。他微笑。我看著他的臉，想要尋找失落的跡象。

「我心愛的女人最近走了。」他在沙發上坐好，然後解釋。「我覺得我需要跟某人談談，於是有個朋友給我你的電話，但我連要從何說起都不太確定。」

我點頭，而他繼續說：「她死得突然，是癌症。某天她還在這裡，隔天就走了。」

他抬起頭，看著我的眼睛。「她留下許多字條。」他繼續說。「滿滿一箱情書。我不明白她為什麼認為那樣會有幫助。只是更糟而已。」

「她留給你一箱情書？」我的聲音似乎有點太大。

「一個藍色的大箱子。」他說。「伊莎貝拉就是這樣的人。」

「伊莎貝拉？」我聽見自己說。

「我的意思是，以前和我在一起的女人。」他澄清。「我們是情人。我們的關係是祕密，我們都曾經試著結束，回到各自的生活，忘記彼此。她甚至和她的先生生了一個孩子，也想維持她的婚姻。但我們的愛比生活更濃烈，我們才剛決定要共度人生，她就診斷出癌症。兩個月後，她死了。」

他繼續說，而我可以感覺到心臟狂跳。「她是我一輩子的愛，但奇怪的是，自從她死後，我發現自己覺得她是我虛構的，好像她從來就不存在。你知道我的意思嗎？」

他看著我，而我看見他眼中的淚水——我感覺自己的眼眶也湧出淚水。

「愛需要有人見證。」我說。「我知道你的意思。」

我想著娜歐蜜，以及她是如何全心全意見證伊莎貝拉的人生。我想著這個男人沒有發現而我卻知道的一切；我想著這個男人在伊莎貝拉的生命和她痛苦的失落之中扮演的重大角色。看不見的人物如此之多，祕密如此之多。

我決定將他轉介給另一位治療師。他值得另外治療，而娜歐蜜值得我的忠誠。我想珍惜她的伊莎貝拉，而不將這個伊莎貝拉和我剛遇見的這個男人的伊莎貝拉混淆。

他離開後，我的內心深感詫異，必須好好處理自己的情緒；我知道的祕密，比以前還要多了。伊莎貝拉想跟娜歐蜜說的祕密是這個嗎？或者娜歐蜜知道這件事但不告訴我？也許我永遠不會知道。我想起人心總是難以捉摸，懷疑我們究竟有沒有可能完全理解另一個人的傷痛。

第10章
離開那個家不是逃跑，是追求希望

某個下雪天，四十多歲的蓋伊第一次走進我的諮商室。他穿著厚重的灰色外套，點點頭，輕聲說：「我和你一樣，不習慣這種天氣。」

我不確定他指的是什麼，於是等待他解釋。

「我出生的城市和你一樣。」他繼續說，聲音小得像是喃喃自語。我們改說我們的母語希伯來文，但很快我就了解，我們說的是不同語言——一個純真無辜，另一個卻危險。

「所以，」蓋伊在扶手椅上調整舒適的姿勢，同時慢慢地說：「你的家族裡頭沒有人從事心理衛生相關行業，你怎麼會想當精神分析師？」

真是奇怪。我心想，他怎麼知道我們家裡沒有人是治療師？如果他不知道，又為什麼會這麼猜想？但我不須思索太久，蓋伊繼續說：「你的妹妹是建築師，她的小孩看起來好可愛。」

他不是猜想，我恍然大悟，嚇一大跳。他真的知道。

「你似乎知道我的一些事情。」我說，希望他澄清，也許老實說出幾年前我們在特拉維夫見過，或者我們有共同認識的朋友，介紹他來找我。

蓋伊笑了。「我確定我知道的事情，比你希望我知道的還多。」他說。他停了一下，又說：「你暑假在義大利玩得開心嗎？」

他怎麼知道那件事？我開始有點緊張，也感到不悅。這個人是誰？他來這裡做什麼？

通常，人們開始心理治療是想認識自己，多於認識他們的治療師，至少一開始是這樣。話雖如此，多數個案第一次找我諮商時，已經對我略知一二。只要上網搜尋我，就能輕易找到我的照片、年齡、出生地、專業領域。有些挖得更深，知道我的私人生活、音樂背景，或者找到我的伴侶路易的訃文。在數位時代，古典精神分析的中立概念受到挑戰。過去，我們身為治療師，必須保持客觀，確定個案對我們一無所知——就連從我們諮商室的裝飾也看不出來。然而，現在我們工作的環境，人們不免知道我們二三事，而我們也探索對每個個案而言，這代表的特殊意義。

個案對治療師掌握的初步訊息，關乎著他們對治療師的幻想，以及治療將是什麼模樣。不過，多數個案也會限制自己的搜尋，如此一來他們只會知道他們希望知道或能夠處理的事。我想，在網路上看了我的個人檔案而有負面感受的人不會跟我聯絡，而我很確定某些個案知道的可能比他們告訴我的更多，甚至比我想承認的更多。不過，多數個案不會說出他們在網路上查到的資訊，尤其不會在第一次諮商時說。而且他們來諮商，一方面希望我認識他們，另一方面也害怕我認識他們。

蓋伊則引進一個不同的動態。我知道他要我感覺他已經入侵了我的私人生活。

「你擔心嗎？」他問。「我不知道，但你似乎不太高興我這樣查你。」

「你覺得我會高興？」我問。

他聳聳肩。「希望你知道，我不是跟蹤狂或什麼的。」他說。「我只是需要查清楚。這年頭，誰知道呢？到處都是怪人。我想確定你不是什麼瘋子，而且我還蠻喜歡你父親在伊朗出生這件事。蠻有趣的。」

我看著他，心想：他為什麼想讓我如此不自在？我的專業自我應該知道答案，但我感覺動彈不得，無法清楚思考。我提醒自己，蓋伊必定希望、需要我感覺現在的感覺：不安，甚至驚嚇。他需要我至少感覺他走進諮商室時的膽怯，也許還有他每日生活中的警戒。

我不確定蓋伊在害怕什麼，但我意識到，我尚未得到他的許可去探索這個問題，我尚未受邀進入他的世界；相反地，他在我的世界不請自來。以激烈的情緒干擾治療師，引發害怕，或甚至表現激烈的情色幻想，都可能是防禦策略，確保治療師無法思考，因此無法知道個案任何真正的事。

如果我能夠思考，拼湊事情的全貌，串連前因後果，查出他到底是誰，又會發生什麼事？我，或蓋伊，有無可能發現他迫切想要隱藏的事？

英國的精神分析師威爾弗雷德・比昂（Wilfred Bion）在他的論文〈攻擊連結〉（Attacks on Linking）談到，為了不讓自己知道太多而無法承受，為了逃避生活痛苦的真相，人們採取各式各樣的方法。治療的時候，他們不自覺攻擊治療師的能耐，阻止治療師發揮作用。他們不去努力建立連結，反而確保不會建立任何連結——想法和感受的連結、過去和現在的連結、治療師和個案的連結。取而代之的是切斷，這樣一來，個案就能逃避探索自我的痛苦。

蓋伊前來諮商，發現自己太過暴露在外，於是把那種情緒投射或灌注給我。害怕被危險的陌生人入侵的人，現在變成我。

「你真的很努力調查我的事情。」我終於開口。

蓋伊又笑了。「對我來說不難，我平常就是在做這個。我付錢給一些人，然後他們給我所有我需要的資訊。」

「你不會跟你沒有充分了解的人開始諮商。」我指出這點。「我很好奇，要是這次諮商結束之後，我對你的了解比你對我的了解更多呢？」

蓋伊面露失望。「你是什麼意思？」他說。「你對我的認識已經比我希望的還多了。」他深吸一口氣。「這麼說也許奇怪，但我覺得你認識我。」

我們看著彼此，不發一語，接著他瞄了手錶。「我想我們的時間到了。」他邊說邊起身，抓起外套。「真是難以置信。」他喃喃自語。「我不知道該怎麼想。」

他握著門把，離開之前再次轉身看我，溫和地說：「現在你認識我了，你認為我該接受治療嗎？」

我還沒來得及說任何話，蓋伊已經離開，而我發現我們沒有預約下一次。

/

兩週過了，沒有蓋伊的消息。老實說，部分的我鬆了一口氣。我承認我們第一次諮商後，我就有點不安，我試著了解原因。我發現我在外面走路時會想起蓋伊，然後環顧四周，確定沒有可疑人士跟著我。我講電話時，腦中會閃過他也許正在聽的念頭。而且我有股衝動，想上網搜尋他的名字，更認識他。我心想，也許他是罪犯，或某種特務。「而且，」我聽見自己重複他的話：「這年頭，誰知道呢？到處都是怪人。」

我能夠理解我的想法，並提醒自己，被害的妄想本身就具有傳染力。人們可以互相引起恐懼，而且方法無法預料、強而有力，甚至人也沒有自覺。那種潛意識的力量是陰謀論和恐懼輕易擴散的原因之一，因此，領導人物只要指出敵人，就能輕易恐嚇人民，再給出承諾，他會拯救並保護大家。

蓋伊是對的，我心想。那次諮商，我真的學到他內心極重要的事，尤其是他感受到的威脅。

日子一天一天過去，我越來越好奇，他留給我的感受是什麼。蓋伊再次聯絡的時候，我答應再見他一次，之後才會決定我們要不要開始治療。

蓋伊第二次來到諮商室的時候，是三月寒冷的某天。他問候我，並希望穿著外套。

「外面真的很誇張。」他說，同時指著窗戶。「太扯了。我告訴你，氣候變遷很快就會殺了我們。」

「是啊，很恐怖。」我說。

「不只恐怖。」他回答。「是災難。已經失控了，我們很快就會死掉。」

我的很多個案都會談到氣候變遷，但蓋伊聽起來不太一樣。他的害怕似乎迫在眉睫，彷彿他現在光是活著就十分吃力。

他坐下。

「我們咎由自取。我們自取滅亡。」他總結。「其實，」他接著氣憤地說：「是他們。他們對我們做的好事，他媽的。」

「他們？」我問。

蓋伊直視我的雙眼。「是他們的錯。」他說。「那些世世代代不愛護地球的人。我們的父母、我們的祖父母、我們的曾祖父母。他們親手造成這個災難，現在我們要處理。亂七八糟。我們不可能修好一切，那就是問題。」

我和蓋伊一樣，覺得情況不妙，也感到擔心。但我知道，即使我們都同意某個觀點，一個人的用字遣詞總是源自那個人的人生經歷。政治辭令和個人言語互相交錯。我聽著蓋伊的話，試著辨認，他正告訴我的，和他的人生、他的恐懼、他的傷痛，有什麼關係。

「關於之前的世代造成的破壞，他們留給我們的困境——你有所了解？」我說。

「當然。」他回答，卻沒有多說。

蓋伊傳達給我的是，他不能倚靠或依賴任何人，養育他的人不能，而之後遇到的人也不能。他在我的諮商室，請求我的幫助，但又擔心我信不得。我看著身穿厚重灰色外套、坐在那裡的他，他背靠著沙發，眼神四處飄移，搜尋房間。

「這些書你真的全都讀過嗎？」他問，但沒有等我回答。他指著我的椅子背後那幅圖畫，是一張大帆布上的抽象畫。

「有趣。」他說。「藝術家的意思是什麼？」

蓋伊所指的圖畫，是我的諮商室裡，唯一一幅我自己畫的畫，已經掛在那裡十五年了。

「那些狗，」他一邊說，一邊指著白色和黃色的模糊形象：「牠們正在逃跑，你不覺得嗎？」

「我知道你的意思。」我說。

「他們就像我，」他笑了：「正在逃跑。」

「你在逃離些什麼？」我問。

「我只是說笑。」他回答。「你知道的，我們都在逃跑。你住在紐約。我住在紐約，這裡不是我們的家，但我們在這裡。這座城市充滿野心勃勃的人，他們成功遠離某些事物。這裡的人都有想逃開的事物。」

蓋伊脫掉外套。

「這裡蠻舒服的。」他說。「不會太冷，也不會太暖，你懂我意思嗎？冬天的時候，有些人的家裡暖氣開得超大，大到你覺得自己可能會死。但你做得很好，這裡的溫度恰到好處。」

蓋伊感覺沒那麼受到威脅了，並表達他的內心希望──我會做得很好，對他恰到好處。他再次利用投射，這是一種防禦機制，把帶有威脅性的想法和感受放到自我之外。透過投射，我們否認引發焦慮的感受，反而將那些感受加諸他人。為了擺脫不舒服的情緒，例如生氣、傷心，於是投射給他人。

例如，當一個人生氣，他會將這些感受歸給他人，相信別人在生他的氣，但事實上他感覺到的是自己的不悅。我記得蓋伊第一次走進我的諮商室時，是如何把害怕和受到侵略的感受灌注在我身上。他將那些感受一點一滴灌注給我，因此能夠和他自己內在的感受溝通。

同樣地，被害妄想也常被認為是投射在他人身上的侵略行為。我們侵略的衝動令我們焦慮，於是經常不是用善意過度補償，就是將那些感受投射在他人身上，來讓自己好過一些。被害妄想常常來自於我們想要侵略的感受，但我們不能容忍那些感受，並需要將那些感受歸屬他人，透過這種方式擺脫。切割越多、投射越多侵略行為在他人身上，我們就越害怕成為那些人。

蓋伊對於談論他的感受感到非常焦慮，所以反而談論他周圍的世界，將他的感受置身事外。他猶豫是否脫掉外套，唯恐他會太過暴露自己、太過脆弱。他刻意不要說出前後連貫的話，而我察覺他的笑容背後有個祕密。

「蓋伊，你為什麼來這裡呢？」我終於鼓起勇氣問。

蓋伊沉默半晌。

「因為我是心理疾病出身。」他說：「我的心可能也生病了。」

我還不太確定他的意思，但我看得出來他已經朝向我走出一步，朝向新的未來。

蓋伊看了手錶，然後穿上外套。

「今天這樣夠了。」他說，而我注意到，諮商又是由他來結束。「我們下禮拜再見。」他出去的時候說。

/

夏天來了，而蓋伊和我已經諮商了幾個月。現在我們相處起來比較自在，而我也學會欣賞蓋伊諷刺的幽默感，尊重他的方式和節奏。蓋伊通常需要避開直接的對話；他將感受理性化、理智化，泛泛而談。雖然我知道他對許多話題的意見，但他幾乎從不談論自己的過去和家人。

每週一上午，我等著蓋伊來。他從不遲到，而現在，距離約診時間還有五分鐘，我聽見門鈴聲。我還沒來得及應答，門鈴又響了，然後再響。

我打開門，蓋伊衝了進來，並立刻關上門。

「你怎麼知道誰在門口？」他依然站在門前，如此問我。「你怎麼知道按門鈴的是我，不是某個來路不明的人，打算闖入？」他的語氣焦慮。

「你很擔心。」我說，而蓋伊沒有回答。

我們兩人都坐下。我注意到他沒有帶他平常的後背包。我猜，他還沒去上班。

「你的警衛看起來沒什麼用，他有點懶散。」蓋伊說，而我聽見他嘆氣。「今天我去當陪審員，好漫長的一天。」

「那麼今天你為什麼想到我的安全？」我問。

「我也不知道。我從地鐵站走到這裡，在樓下看到一個男人。他看起來很奇怪，好像有點粗暴，他的眼神給我那種感覺。」蓋伊指著窗戶。「他剛剛在這裡，站在你這棟大樓面對街上的入口。」他說。「我忽然想到這個男的可能會進來這棟大樓，按你的門鈴，然後你會開門讓他進來，以為他是我。你哪會知道？」

蓋伊高度警戒，總是偵察周圍的動靜，預期威脅和危險。那樣的知覺敏感通常是早期創傷的結果，高度警戒的目的是預測危險，並加以防範。隨著我越認識蓋伊，也越認得隱藏在底下、受到驚嚇的小男孩。那個男孩很害怕；如果我以為是他而打開門，另一個人卻出現，還傷害了我呢？威脅來自外在，也來自內在——外面的男人危險，而蓋伊也怕他可能挾帶那個危險進入我的諮商室。暴力的他人威脅他，而我知道他擔心會偷溜進屋裡的，還有他自己潛意識的侵略行為。來自外在的侵略行為與來自內在的侵略行為互相交錯、混淆不清，早期暴露在暴力環境中的孩子更是如此。

蓋伊似乎精疲力竭。我好奇他的童年，為什麼他今天特別多疑，似乎有什麼東西觸發早期的創傷？

「陪審員的職務有什麼讓你感到不安全嗎？」我問。

「完全沒有。」他回答。「是一個父親打斷女兒手臂的案件。警方介入，那個女孩和她母親，也就是那個男人的前妻，拿到保護令。我的意思是，我不知道他為什麼在法庭裡。他們還要他來做什麼？那個男人再也不能傷害她了。」蓋伊看著我，然後繼續說：「那個女兒十六歲，她還把她的故事張貼在社群媒體，說她父親的壞話。感覺不對，亂七八糟。」這是他的結論。「我運氣真不好。這竟然是我要處理的案件，你相信嗎？」

「真是痛苦。」我說。

蓋伊一臉困惑。「有點。」他回答。「我的意思是，那個男人是個混帳，這是一定的，但他是壞人嗎？他是他女兒說的那種禽獸嗎？我不認為。」他暫停，並望著窗外。

「你剛才在想什麼？」他又轉向我的時候，我問。

「我不知道。」他說。「我想我不確定自己對這件事的感受。我的腦中千頭萬緒，我希望我能停止思考。我的意思是，顯然她很痛恨父親，但我覺得那個父親很可憐。」他繼續說。「她在IG上寫了她希望他最好死掉。我想我懂那句話，我也曾經希望我爸最好死掉。」

「可以理解。」我小心翼翼踏進他的童年。

雖然多數孩子害怕失去父母，但是我也常聽到個案描述，他們小的時候希望父母死掉。孩子的生存依賴父母，會浮現這種希望，往往因為父母就是威脅小孩生理或心理生存的人。孩子想像他可以讓父母消失的時候，比較不會感到無助，同時表達孩子的痛苦與憤怒——兩種混合又混亂的感受。孩子感覺無助，同時被他無法處理的憤怒擊潰。常見受虐兒難以控制攻擊行為，因為在他們的家庭，怒氣不受控制，還會付諸行動。愛恨交錯：你愛的人也是你恨的人。

我注意到蓋伊的情緒滿溢，他需要休息。

「真是討厭。」他說。「我覺得很鳥。」他忽然起立：「抱歉，我得去洗手間。我馬上回來。」

幾分鐘後，他回來了，面帶笑容。「你注意到我說很『鳥』，然後跑去『尿尿』嗎？」他開玩笑。「你看，我知道怎麼治療我自己。」

他在表達我已經教會他某些事情，但也在說，他並不依賴我，他可以靠自己。主導並控制人生的能力對他來說非常重要，那是他感覺安全的唯一方法，而他需要確定，我們的諮商也由他控制。我再次注意到，結束我們諮商的不是我，是蓋伊。當他受不了的時候，他不會向我尋求安慰，他會撤退。

「我需要獨處一會兒，冷靜下來。」他說。我知道陪審團職務的某些事情喚醒他的童年創傷。「小時候，我常待在廁所裡面。每次我爸生氣，就會把哥哥和我鎖在裡面，而且他一天到晚生氣。他會把我們鎖在裡面好幾個小時，於是我學會坐在地板等待。那時我心裡想著，我恨這個男人，希望他最好死掉。」

蓋伊沒有看我。「你知道嗎，」他說：「有時候我朋友來，我們聲音太大，我會忽然聽到他叫我的名字。我知道他生氣了，又要把我鎖在廁所。我沒得選，只能照他說的去做，否則他會在我朋友面前對我大吼，還會打我。他把我鎖在裡面，朋友在房間等我，不知道我跑去哪裡。非常丟臉。」

這是蓋伊第一次告訴我他小時候的事。他的表情凝重，但是沒有表達任何情緒。我聽著，不發一語。

他說話的時候，我逐漸注意到疼痛的感覺，來自我的身體，而且我有股衝動，想要改變坐姿。我看著蓋伊在他的椅子上不舒服地扭動，納悶我們各自的身體感覺到了什麼。

「難怪你需要逃跑。」我說，想起他如何詮釋我的畫作當中模糊的形象。「想要逃離的你是在追求希望。」

蓋伊點頭。「小的時候我無能為力。我沒有地方可以去，沒有人可以求助。」他小聲說。他解釋，他的母親害怕他的父親，因此無法保護他和哥哥。「我唯一的希望是我們其中一人消失。不是他死掉，就是某天我拋下一切逃跑，在另一個國家找到新的家。我會逃到沒有人找得到我的地方。」他繼續說。「我的母親看起來永遠是那麼害怕，我就像她，學會躲藏，學會沉默，確保自己隱形。」蓋伊直視著我。「我不知道怎麼向你解釋。」他說。「我父親生病了。你要了解，不是他的錯。他就是那樣長大，他的父母，還有他的祖父母，都是那樣長大。他不懂其他方法，他相信小孩就該那樣養育。我不氣他。」

我聽見蓋伊的衝突；他想認同父親，又不想等同父親。他不想生氣，因為生氣會讓他很像父親。但在法庭上，比起女兒，他卻更同理那個父親。

安娜．佛洛伊德定義「認同攻擊者」，是孩童面對虐待的防禦機制。受害者不光只是感到害怕和無助，他們反而接受虐待者的信念和行為，透過這個方式理解並控制現實。模仿攻擊者的同時，孩子從被動轉為主動；他不只是受害者，也變成傷害他人或自己的人。那些孩子，認同父母的同時，內心深深相信他們活該忍受父母的怒氣與懲罰。

於是，就像蓋伊的父親，許多暴力的父母都曾是受虐的兒童，這種現象並不令人意外。蓋伊不只感到生氣，他依然努力理解身邊的世界，搞清楚誰是壞人、誰是好人。因為受虐這件事沒有適當處理，跨世代的循環才會繼續。每個世代都認同前一個世代，而蓋伊正好面臨那些跨世代的衝突浮上檯面的時刻。他在效忠過去與展望未來之間拉扯，在連結先人與開創不同的新關係之間陷入矛盾。就像他小的時候，他又被監禁，而這次，把他鎖起來的人是他自己。

治癒，打破虐待的循環，這件事情往往包含許多抗拒，亦可能不想面對改變。一部分的自我希望未來能夠解脫，而另一部分的自我又與過去和從前的世代相連；這兩個自我互相衝突，而改變的可能又強化了衝突。治癒是一趟充滿矛盾、罪惡感、羞恥的旅程；是一段充滿痛苦的過程，不僅召來過去的鬼魂，同時在解放自己的路上，也挑戰我們的內在認同。

蓋伊停下來，看了手錶。「我不想再談這件事了。」他說。「現在談有什麼意義？我們不能改變過去。」

他開始從茶几收拾自己的東西。他手握鑰匙，看著我說：「加莉特，最後，我確實救了自己的命。我來到紐約已經將近二十年。我當時逃了出來。」

我知道處理被帶到檯面上的所有感受需要時間。蓋伊為了生存搬到紐約，但他的過去窮追不捨——現在依舊如此。

他把鑰匙放回茶几。「我們還有五分鐘。」他說。「我明天還得再去當陪審員。我希望你能和我一起去。」他笑了出來。「開玩笑的。我不會希望你聽那個女孩描述她的童年。很殘忍。很殘忍。」

「我知道我們今天的諮商很殘忍，」我說：「我想你一直希望有個能夠和你一起來，保護你、讓你安心、幫你變得勇敢的母親。」

他又看了手錶。「我們的時間到了。也許這個禮拜我應該再來一次。」他說。他並非遠離他的傷痛，而是朝著他的傷痛走近了一步。我心想，他真的很勇敢。

我們約好星期四再見。

/

那天晚上我做了個夢。蓋伊和我在一座碩大的城堡。我們兩人戴著礦工的安全帽，手上各拿一支手電筒，走下樓梯，往地下室去。我們顯然在尋找什麼。

「我帶你來這裡救我哥哥。」蓋伊說。「他被關起來。」

城堡漆黑，我擔心我們已經迷路了。蓋伊說他很害怕。「我們快逃吧，這裡到處都是鬼。」他說。

「我們要勇敢。」我聽見自己這麼說，不是對他就是對我。

過去的幽魂控制著蓋伊的人生。我知道我們兩人正要再次探訪他的創傷，聆聽小時候的蓋伊，那個長大的蓋伊為了拯救自己而拋下的男孩。現在我們需要手電筒來照亮他留在人生地下室的一切，那些不讓他前進、生活、真心去愛的一切。

星期四天氣溫暖，而蓋伊笑著進來。

「你有沒有發現天氣和星期一多麼不同？我告訴你，人生難以預測。我的心情也變了。很抱歉，星期一的時候我很情緒化。」他看著我，忽然笑了出來。「剛才你臉上的表情很好笑。」他說。「打賭我知道你心裡在想什麼。」他的語調快樂又溫柔。「你在想『有什麼好抱歉的，傻孩子』。」

我笑了，意識到我對他的母性，同時發現他從我的臉上察覺出來。他說得對，我剛才在想，有什麼好抱歉的。

「星期一的時候，你讓小時候的你表達意見。」我說。「那是我第一次聽到那個孩子說話。他很敏感、脆弱、受傷。」

「他被關起來。」蓋伊的話嚇我一跳，和我夢中的畫面一致。「我等不及今天來。我想告訴你，我做了件大事。」他暫停，我還沒來得及問他什麼意思，他又說：「星期四在法庭，我對那個父親投下有罪的票。」他聽起來很驕傲。「我直視他的眼睛，這是人生第一次，我不害怕。我想起你，並對自己說『你知道嗎？應該覺得抱歉的不是我，是他』。」

我們安靜坐著。我知道，要他對那個父親投下有罪的票，有多麼困難；要他自己想起童年，並保護那個曾經受到虐待的自己，有多麼痛苦。蓋伊一度想「帶」我和他一起去法庭，因為他從來沒有一個父母可以為他挺身而出，因此，他擔心他無法為自己挺身而出。

蓋伊打破沉默。「小時候，我曾經躲在我的房間，試著不要發出任何聲音，連呼吸都不要，這樣我爸就不會注意到我。想起那樣的自己，我覺得很難為情。我恨自己軟弱，像我媽一樣，不能保護自己。我也恨自己生氣，像我爸。我還覺得羞愧，因為我躲起來，讓我哥哥拉姆變成我爸的主要目標。」蓋伊暫停，看看他的手錶。「啊，我們還有一點時間。」他提醒。

「你知道嗎？昨天晚上，我從法院回家後，有個想法。我發現我哥哥拉姆，就是那個女孩，那個女兒。」

「哪方面？」我問。

「他和她一樣反擊，他不怕。我從旁邊，看著勇敢的他，覺得嫉妒；但我也覺得罪惡，我躲起來的時候，他是我爸攻擊的人。然後某天，拉姆大概十五歲，幾乎和我爸一樣高的時候，他和一個女孩一起從學校回來，而我爸發火，就在那個女孩面前揍了他。如果是我就會道歉，但拉姆沒有，他慢慢走向他。他用手指抵著我爸的額頭，憤怒地在他耳邊說：『你，如果你再碰我一次，我會殺了你。聽清楚了嗎？』我爸後退，於是拉姆走了。我想那是我爸最後一次打他。我記得我媽和我也走開，彷彿什麼也沒發生。真是不可思議，他們就這樣轉換了角色，而我哥變成攻擊的人。我記得自己忽然覺得爸爸很可憐，我差點想要幫他。那是什麼愚蠢的念頭？」蓋伊越說越大聲。「二十歲的時候我離開了，我很抱歉，我必須離開，我非那麼做不可。」他憤憤不平。

「你為什麼抱歉？」我問。

「什麼意思？」

「你剛才又說了一次『抱歉』。」

「有嗎？」蓋伊看著我，滿臉驚訝。「應該是吧。我猜我覺得需要向什麼道歉，不是嗎？也許我逃走了，把他們全都拋下，讓我過意不去。全家都有病。我救了自己，但他們怎麼辦？」

我們忠於所依附的人，而因為這份忠誠，即使我們離開，某個部分還是和他們同在。父母往往未經我們允許就住在我們心裡，我們和他們的關係，即是我們第一次與人建立的關係，而我們未來的關係，必定與我們和父母的關係有關。

蓋伊必須搬走，但他還在對抗離開的罪惡感——活下去的罪惡感。從我認識他的這段時間以來，他在紐約建立的家仍然不夠安全，他也無法與人親密交往。他不確定自己可以愛人或信任別人，而他當然也不相信自己可以保護所愛的人，不受他殘忍和暴力的過去折磨。孤獨看來就是躲藏的最好方式；而躲藏，畢竟，是生存唯一的辦法。

我們第一次諮商的時候，蓋伊躲在他厚重的灰色外套裡面，告訴我他研究過我，想知道我是誰、我拋下哪些人。他甚至質疑自己是否適合心理治療：他能擁有誠實的關係嗎？他可以感覺有人了解自己，但不感覺太過脆弱或受到威脅？他有可能治癒那個小時候受虐的他，但不感覺可恥或羞辱？他有可能愛人並被愛嗎？

蓋伊開始治療的一年後，他踏雪而來，對我點點頭，輕聲說：「我想我漸漸習慣這種天氣了。」

他脫掉外套，面帶笑容。我們都注意到了這些變化。

第11章

原諒爸爸，不再需要效忠哪一邊

愛麗斯看起來比實際年齡年輕。也許是因為她的黑色長髮，或者是因為她第一次來諮商時穿的運動褲和球鞋，讓我覺得她是個女孩。她來找我時，剛慶祝四十四歲生日，於是她的年齡自然成為話題。

愛麗斯告訴我，她在近四十歲的時候認識阿爾特，就在她剛離婚後，而她擔心自己年紀太大，無法生小孩。

「我不在乎婚姻。」她在第一次諮商時告訴我。「我的父母在我五歲的時候分開。他們不歡而散，而我爸正式再婚之後，就再也不曾出現在相片裡面。」

我問她「正式再婚」是什麼意思。

愛麗斯翻了白眼。「那不是我來治療的原因，但我猜和我正在面對的事情全都有關。」她說。「我的童年糟糕透頂。但同樣地，那不是我在這裡的原因。」

「你為什麼在這裡？」我問。

「我們就快有個小孩了。」愛麗斯說，我有點驚訝，因為她看起來完全不像懷孕。

「我們嘗試懷孕好幾年了，你不要告訴別人，我們打從在一起的第一個禮拜，就知道我們想要小孩，但我無法懷孕。我試了所有方法，做了好幾次人工受孕。」她轉向我。「你知道那有多貴嗎？我們整個家族都出錢幫忙。我媽和她的先生把積蓄給我們，阿爾特的姊姊也給我們錢。我不好意思告訴你多少。當我坐在診所的等候室時，看著四周，心想：『這些人非富即貴啊，真希望我也是他們其中之一。』所以你可以想像失敗的感覺多糟。不只是我無法懷孕，就算砸錢也沒辦法。那就是我所謂的壞基因。」

「等等。」我試著降低她的速度，確定我跟上她。「所以你二十幾歲結婚，但沒有小孩；然後三十幾歲離婚，遇到阿爾特，馬上就想懷孕……」

「沒錯。」她打斷我。「阿爾特和我之前都結過婚，但我們的愛，對我們兩人都是前所未見，從相遇的第一天就非常濃烈。我改天會告訴你。」

「所以你在這裡，因為你就快有個小孩。」我說。

「沒錯。」愛麗斯肯定。「另一個女人就快生下我的小孩。」

「代理孕母？」我猜測。

「是的。我們也找人捐贈卵子。這個小孩和我沒有血緣關係。對了，是女孩。」她補充，確保我掌握所有資訊，但我看不出她的情緒。

愛麗斯繼續說：「所以你看，有三個女人參與這個小孩的誕生；捐贈卵子的人、代理孕母、我，而此時的我沒有角色。第四個人是阿爾特，這個小孩和他有血緣關係。我說過嗎？他的第一段婚姻有個女兒，莉莉。她很棒，所以我們知道他的基因很好。」她微笑。

「喔，還有一件事。」愛麗斯繼續說道：「既然我們已經為了人工受孕掏光所有人的帳戶，我們還得想辦法找錢付給代理孕母。我們貸款，但那根本就是『瘋了』。我之後也會告訴你。」

「要說的事很多呢！」我說。「你怎麼面對這一切？」我這麼問，想要更靠近我相信愛麗斯來到這裡探索的情緒難關。

她沒回答。

「其實，我不知道。」她接著小聲地說：「我不確定我有什麼感覺。有時候我對自己感到失望，我覺得受傷，因為我很失敗，我對這個小孩而言誰也不是。其他時候，我鬆一口氣，因為懷孕生產似乎不好玩，錯過了也不覺得傷心。但是，真正的理由，而我知道這麼說很糟，就是我寧願小孩沒有我的基因。這樣對她可能比較好。」

我要她多說一些：「為什麼你寧願她沒有你的基因？」

「我出身悲慘。」愛麗斯說。「悲慘寫在我們的基因裡，厄運和創傷。我媽的童年慘不忍睹，就像一齣可憐的電影。大約在她八歲的時候，她們全家移民來美國，可是她的母親死在半路。他們得揹著她的屍體，直到有地方可以埋葬。我媽可能曾被她的祖父性侵，但在我家沒人談論那件事情。你看，我說的創傷，是真正的創傷。我從來沒有接受過心理治療。我媽也沒有。」

「所以你為了你們兩人來到這裡。」我說。

「沒錯。」愛麗斯回答。「也許如果當初她可以停止這個悲劇循環，我就不會這麼擔心又養出一個悲慘的女兒。我最不希望的，就是有個女兒繼承了我從我媽那裡繼承的厄運。」

「又養出一個悲慘的女兒。」我重複她的話。

「沒錯。」她說。「我媽永遠不會承認她很悲慘，所以她變成嬉皮，如果你懂我的意思。她的臉上永遠掛著笑容。她相信我們應該著重在自身的療癒和靈性之旅。但同時，她從來就不快樂。她的童年充滿創傷，她的兩段婚姻都失敗，她的職業也失敗。我小的時候，她整天都和我待在家裡。她以前會說她多愛那樣，她常梳我的頭髮，她變成梳頭髮的專家。我的頭髮一直都是又長又捲，很難梳，所以我很討厭她那樣說，我感覺得到她的怨恨。我記得某天學校有個聚會，要家長自我介紹。我媽臉上掛著甜美的笑容，告訴大家：『我是愛麗斯的母親，我是專業的梳髮師。』我當時真想死。」愛麗斯看著我，確定我看得出她母親隱藏的痛苦，尤其是藏在微笑背後的種種方式。

「同時，每次她可以消失幾天的時候她就會消失。她會把我繼父的兒子和我丟給繼父，然後去靈修。她回來後，會和我弟弟一起睡。以前我一直相信，因為她太累，所以和他一起睡著了，但隨著我長大，我發現她只是不想和繼父睡在同一張床上。」愛麗斯說。「我媽從不承認她不是真的愛我繼父，繼父只是折衷辦法。她需要丈夫，因為她太害怕獨自一人。她無法擁有自己想要的人生，我為她感到難過。以前我會怪罪繼父，我猜是因為我希望他能讓她幸福，這樣就不必要由『我』來。」

愛麗斯說得很快，幾乎沒有停頓。她邊玩著她的指甲，我發現她把指甲咬到流血。

「不要誤會我的意思。若要說是誰毀了我媽的人生，我會怪到我生父頭上。」她繼續說：「我恨他，但是，我媽從來沒有生他的氣。她發現他有過外遇的時候沒有，為了那個女人離家出走的時候也沒有。她以前會說他多傷她的心，他拋棄她這件事令她多痛苦，因為她會想起八歲的時候母親去世。我媽從沒放下和我爸的事。他很差勁。我說過他另有一個家庭嗎？」她邊說，邊看了手錶。

我發現自己喘不過氣。愛麗斯說個不停，而我精疲力盡。那麼多的情緒，我來不及消化。我想我的感覺就是她一直以來的感覺，我像她一樣被那麼多訊息轟炸的時候，也是她在幫助我從內在認識她。我無從阻止事情發生，也無從理解，或處理那些訊息。

我們的第一次諮商結束，而我有很多問題。我看出愛麗斯將三件事情若有似無地連結起來：她母親創傷的過去、她自己的厄運，以及避免尚未出生的女兒重蹈覆轍的希望。

愛麗斯和我打算每週見面兩次。

幾天後，愛麗斯回來了，而令我驚訝又令我鬆一口氣的是，她從上次講到一半的地方繼續。我想知道她對我們第一次諮商的感受，我第二次諮商時通常會問這個問題。但是愛麗斯給我一種迫切的感覺，她急忙坐下，立刻開始講話。

「簡單來說，我爸另有一個家庭。」她說。「他和外面的女人生了小孩，我媽發現後，他就離開我們。我不清楚她究竟怎麼發現的，但你可以想像對她來說打擊多大。我們上次說到這裡，對吧？」

我點頭。「上次你告訴我你母親的過去。」我說。「以及你父親拋棄她，讓她想起幼年失去母親。你描述她解離的憤怒，還有因為母親，你很氣父親。」

愛麗斯一臉茫然。「應該是吧。」她說，於是我發現我摘要的方式對她來說很新鮮。

愛麗斯開始探索她對母親——這個把她養大的人——的認同，以及她對母親深厚的忠誠。

「她是勇敢的女人，儘管承受很多傷痛，她還是能夠原諒他，甚至祝他幸福。」她說。「她的心胸比他寬大，你知道嗎？她發現後，她的家人罵他『禽獸』，但她會叫他們不要那樣。她會說她很抱歉，她這個妻子不夠好，沒有滿足他的需求。長久以來，那句話總是讓我非常生氣。我看見她眼中的哀傷，她想從他的背叛復原，卻非常痛苦。青少年的時候，我發誓我永遠不會再和那個男人說話，我永遠不會原諒他。但說真的，反而是她努力說服我，他是我的爸爸，要我試著理解他。可是她越說，我越火大。」

「我會回嘴：『我對那個混帳王八蛋才不感興趣，而且我永遠不會回他的電話。』

「一開始，他每天都會打給我。當時我才五歲，我們會講個一分鐘，因為我媽逼我。後來，我上了中學，他一個禮拜會打來一次，我會說我在忙，也不會回他電話。某個時候開始，他不打了。他和那個女人有了新的生活，感覺對他來說我已經不存在。」

愛麗斯說個不停。她告訴我童年的事，而她越生氣，我越難過。

「我有沒有告訴你，大約一年前，我跟我爸聯絡？」她問。「我想當時我已經準備聽他怎麼說。他接到我的電話非常興奮，而我們見面的時候超級緊張。他說他會不惜一切和我保持聯絡，修復我們的關係。但事實是，沒什麼好修復的。到了那個時候，我明白一件事情，他已經不是我的爸爸。我已經成年，而他錯過了我的童年。他只是個和我沒有關係的陌生人，除了血緣。」我發現愛麗斯在思考，接著又說：「我希望你知道，我媽從沒慫恿我拒絕他，是我自己的決定。」

這是第一次，愛麗斯開始面對，她小時候失去什麼。她保護母親，對母親忠誠，並遠離父親。小時候，愛麗斯認為父親並不重要。她不嫉妒朋友和父親的關係良好，而且相信，只要她和母親擁有彼此，沒有父親反而比較好。

潛意識的動力在舞台後方發揮影響，塑造愛麗斯的人生，重複她母親的歷史。雖然她相信自己繼承了母親基因裡的「厄運」，但事實上，愛麗斯之所以在心理上經歷和母親相同的傷痛——一齣女孩喪失父親或母親的戲——是因為她認同母親，而在潛意識中，她也想治癒母親。她母親的創傷在愛麗斯的童年重新上演，愛麗斯和母親一樣也在單親家庭中長大，父母其中一人不在。

但愛麗斯的失落並不像她母親的那樣，沒有被演成女兒的悲劇。藉由這次重新演出，愛麗斯和母親可以一起再訪母親的過往，但這次出現了她能掌控的錯覺：愛麗斯相信，結束與父親的關係是她的決定。她不像母親一樣感到傷心，她反而生氣。這次不是她被拋棄，而是她拋棄別人。愛麗斯和母親在潛意識裡都有某種幻想，認為她們修復了母親的創傷，並治癒了她。

愛麗斯失去父親的事，一直不被承認，甚至被摒除。再次地，受傷難過的只有她的母親——失去深愛的丈夫的人，是她的母親，而愛麗斯成為照顧母親情緒的人，取代從未對母親這麼做的外婆。直到現在，當我們試著區分她母親的需求和她自己的需求時，我們才首次去問，在那樣的家庭角力之間，愛麗斯事實上有過多少選擇？

「我媽再婚，但她還是不快樂。她的童年創傷一直都在，她因此傷心脆弱。她從未停止哀悼她的母親，而且從未自我爸拋棄她的事情復原。」

愛麗斯在潛意識裡和她母親的創傷連結。我發現，她試著釐清關於自己和周圍的人的事實時，其實非常困惑。她的父母儘管做法各異，卻都不誠實。而她費盡心力，從他們兩人接收心口不一的訊息——她母親解離的憤怒、她父親的謊言，以及她自己為了隱藏脆弱，反而用來保護自己的侵略性行為。

愛麗斯暫停，摸摸口袋。她發現一個髮束，便迅速把她的黑色長髮綁成馬尾，然後看著我，露出笑容。

「我媽今年將近七十歲了，她還把頭髮綁成兩條長辮，像個小女孩。我告訴過你嗎？」她問。

那一刻，我的腦中閃過一個念頭。我在想，她的母親是否羨慕她是個有媽媽的小孩？她的母親是否需要讓自己看起來像個年輕女孩，心存希望，某天，她也會有個母親照顧她，為她梳頭？

本身沒有媽媽的母親，或者那些受到媽媽虐待的母親，繼而怨恨她們的女兒擁有自己不曾擁有的媽媽，這種事情並不稀奇。諮商的時候，母親通常會發覺，自己的女兒擁有更多；她羨慕女兒有她這個媽媽。

理解愛麗斯的母親的心理時，我開始意識到，在我們諮商的過程中，我從分析愛麗斯轉為分析她的母親。我推測自己不知不覺，也同意加入愛麗斯和母親的牽絆。我正在實現她治癒母親、令母親更堅強的願望。這個時候，我變成她母親的治療師——她母親的媽媽——如同愛麗斯幻想能把她的母親留給我照顧，她自己去組織家庭，成為母親。

「我承擔不起傷害她的感受。」她說。「也許她可以來找你諮商。也許她可以處理她的創傷，因為如果我跟她談，她馬上就會哭，然後說：『我已經盡了全力，當個好人、好母親。』而且你知道嗎？我相信她。她『是』個好人，我愛她。我知道她盡力了。」

愛麗斯的母親需要覺得自己是受害者，而不是發生在她身上的傷害的原因。當個好人，意思就是不覺得生氣。相反地，愛麗斯寧願不當受害者，那樣感覺比較好，她寧願生氣也不要難過。她們兩人的防衛方式，不同之處在於，愛麗斯希望和母親不一樣，想當主動的一方，掌控自己的人生。

「我拚了命地想要不同，但我就是太像我媽。問題就在這裡。」她說。「我喝她的母奶，造就了我的身體和心靈。我不屬於任何人，只屬於她。我沒有爸爸。我的繼父是外人，只有我和我媽在那個核心。對，我痛恨成為受害者，但我一樣，有個非常悲傷的童年；我一樣，離婚了。我的運氣差到不能像其他人一樣上床就懷孕，我需要經歷地獄般的痛苦。我希望所有人都不要理我，就和我媽想要的一樣。她想離開我們，繼續她的修行。我想保護我的寶寶，不讓她有相同的未來。她會擁有阿爾特的基因；阿爾特很棒。」

愛麗斯深深吸一口氣。「現在你知道了，我為什麼會在這裡。」她的最後一句話聽起來像個小孩。

現在，我們終於看清楚從前和未來、上一代和下一代之間的關連，而夾在中間的愛麗斯想要成為那道橋樑，把治癒她的母親當成解救自己的方式，理解自己的過去，創造更好的未來。

再過兩週寶寶就要出生了，而愛麗斯覺得自己還沒準備好。

「也許我太晚開始諮商，」她說：「她出生之前，我有很多事情要告訴你、和你談。」

我說，她急著在寶寶出生前解決一切。

愛麗斯很無奈。「你不懂。」她說：「『真的』很急，我得做出很多決定。而且我忽然有很多感觸，晚上還做很多奇怪的夢。我擔心錢的事，我們要怎麼還那筆貸款。

「他們說錢不重要，」愛麗斯繼續說，聲音再次顯得沮喪：「但你有沒有注意到，會說這種話的通常都是有錢人？你需要錢但沒有的時候，錢就非常重要。」

愛麗斯談起錢來毫不避諱。人們通常避免談論性和錢，不僅在日常生活中是如此，在治療中亦然。這兩個話題充滿虛假和謊言，因此用來隱藏人們難以表達的感覺和需求。任何不受歡迎的感覺都可以透過性和錢傳達，像是攻擊性、敵意、控制和主導的需要，也包括脆弱、自戀、創傷。

舉例來說，性，即使在表達敵意的時候，也可以像在調情。像錢一樣，性可以用來控制他人，補償情緒上的不安，表達或隱藏傷痛。避免談論錢和性，就能遮掩各種負面情緒。舉例來說，治療的時候，個案對於諮商師的負面情緒可能透過拖延付款表達。如果我們太過羞於談論錢，可能會錯過機會，無法揭露並處理個案想要隱藏的情緒。

愛麗斯談到求子過程的花費，深入所有她可能負擔不起的感受，無論是金錢上或情緒上的。龐大的經濟負擔，廣義來說，也是她所背負的自我懷疑與羞恥。

當求子涉及金錢交易和醫學，而不是在夫妻的床上，往往會打破寶寶是「愛的結晶」的幻想。懷孕困難會從方方面面為生活帶來強烈的羞恥感，引發最深層的擔憂懼怕，使人感到自己被摧殘、詛咒，自己是腐敗、破碎、不良的人。那樣深刻的傷害足以引發個人對於身體和存在的極度不安。

和許多人一樣，愛麗斯需要對抗一種感覺——她無法懷孕，可能代表她不該擁有小孩、不配擁有小孩、她不會是個好母親。她努力推開那些痛苦的感覺，把自己想成殘缺、基因不良，以此對抗失望。雖然她對自己失望，她的腦中卻完全想著她讓別人失望，尤其我逐漸發現：讓那個代理孕母失望。

「我感覺她希望我參與這個過程，但我一直忘記打電話給她。我不在乎她或那個寶寶，這讓我感到罪惡。我聽說有人每隔幾天就和他們的代理孕母聊天，但我久久才打一次電話給她。我要跟她說什麼？問她感覺如何？我當然可以，但那樣很假。我不是真的想要知道她的生活細節。現在，最困難的是，我得決定她生產的時候我該不該在場。我是說，產房。」她說。「你覺得呢？」

「我認為讓別人幫你懷孕生子，同時假裝沒什麼、很高興，其實非常困難。那件事情會引發很多情緒，正面的、負面的，也可能讓人感到羞辱和失望。」我說。

「沒錯。」愛麗斯同意。「終於有人懂了。別人就是無法理解，他們都說為我高興，我們即將有個寶寶，好興奮，好像一切都很好。那天有個朋友跟我說，『小孩一出生，你就忘記她是怎麼來到世界上的了』，真是狗屁不通。」愛麗斯生氣。「人們也太蠢了，或者他們只是覺得我很可憐，想安慰我。但那很虛偽，而且完全無視我的存在，好像他們並不知道我正在經歷什麼。還有，她生小孩的時候，我人要是在那裡，豈不是很怪？如果我要生小孩，我才不希望來了個女人，看著我的兩腿之間。我想給她隱私。我不知道。你覺得她會怎麼想？其他人會怎麼做？」

我相信，愛麗斯感到害怕，親眼看著別的女人生下她的女兒，會令她非常痛苦。

「我想，你很擔心你在那裡的感受，在產房。」我說。

「我是個外人。」愛麗斯表示。她安靜片刻，接著又說：「現在我明白爸爸們的感受了。他們沒有懷孕、沒有分娩、沒有哺乳。沒有。這些接到我的下一個難題。」她繼續說出許多處境相同的女人內心的掙扎。

「我該不該吃荷爾蒙來哺乳？『你』覺得呢？」

我聽著愛麗斯所謂外人和父親的關連。她說過，她和她的母親在核心，而她的父親是外人。我發現她眼前的衝突和過去的事實有關，對她而言，愛人的唯一方式是成為母親，不是父親。不能生小孩或哺乳，意味她是父親，不是母親，這件事情讓她擔心痛苦。她所抱持的性別二元，令她無法允許自我認知存在流動空間。無法當個「真正的女人」於是變成羞恥，因此，她害怕自己會變成父親，她不相信父親愛她。

「你擔心不能愛你的寶寶嗎？」我問，擺明把性別和愛連在一起。

「當然。」愛麗斯點頭。「如果我沒有生下她，沒有親餵母乳，我怎麼知道我有辦法愛她？我不知道沒有那些愛的荷爾蒙，父母能不能愛小孩。我是說，自然就是這樣設計，女人立刻就會產生催產素。」

「好像你相信，是愛的荷爾蒙讓父母愛他們的小孩。」我說。

「好難過。」愛麗斯默默地說。「我以為自己克服了。我到底有什麼問題？就像我媽，我還困在小時候的我，還在想著她爸不愛她，雖然我知道事情比那樣複雜。」愛麗斯嘆氣。「我懂你的意思，我想親餵母乳是表面，其實，我擔心我不會像『真的』母親那樣愛她，那是我唯一相信的愛。」

「沒錯。」我聽見自己用她的詞。

愛麗斯看著我，我注意到她強忍著淚水。「我爸離我而去，再也沒有回來。我越是生氣，他越是退後，直到他放棄我。他再也不打電話了，他只是每年生日的時候送我禮物，附上一張卡片，寫著『女兒，生日快樂。我永遠愛你』。我覺得他那樣寫是不得不，在他內心深處，他並不真正在乎。他跟那個外遇的女人過著新的生活，有新的小孩、新的房屋。我不知道我為什麼哭。我又不在乎他。」

愛麗斯在啜泣。她為多年前失去的父親哭，為那個相信只有傷心的母親會愛她的小女孩哭。她傷心自己無能懷孕，無法生下自己的寶寶。愛麗斯的內心充滿害怕，她會不會無法愛她新生的小孩？而我們發現，她感覺自己是不惹人愛的女孩。

「要是她不知道我是她的母親怎麼辦？」她擦著眼淚。「要是『她』不愛『我』？」

她的內心埋藏許多痛苦，也埋藏許多過去她用惱怒和生氣掩飾的悲傷。她不想讓別人知道，她就和她的母親一樣，背地裡難過。她不希望女兒必須經歷她的苦楚，就像她背負她母親的苦楚。她知道自己扛著什麼，所以她擔心女兒也要繼承這個擔子。

「我告訴阿爾特我們的諮商。」隔週，愛麗斯走進我的諮商室時這麼說。「我和他談了很久，關於親餵母乳和荷爾蒙，好像我跟你諮商完又跟他諮商。」她笑了。「成功了。我們決定了。」

愛麗斯從她的包包拿出一瓶水，放在桌上。「你注意到我有多焦慮嗎？」她問。「我希望在我們的寶寶出生前一切就緒，而且我決定不吃荷爾蒙。我的清單又劃掉一筆，真是鬆一口氣，所以謝謝你。」

「此話怎講？」我問。「你們如何做出那個決定？」

「忽然之間，那個決定一點也不難。我告訴阿爾特，我發現我想親餵母乳，是因為我怕我沒有那些荷爾蒙就無法愛那個寶寶。我告訴他，我發現我懷疑自己還算不算女人的時候有多失望，而且其實，那和我覺得我爸並不愛我有關。阿爾特知道來龍去脈，而且自從我遇見他，我和我爸之間的關係改變很多。我認為他幫助我把我爸當成完整的人看待。你會感激這點。」她開起玩笑。「阿爾特離婚的時候非常害怕失去他的女兒莉莉，我想我是在那個時候愛上他的。那樣的心理連結不是很棒嗎？」她笑著說。「他是我從來沒有過的父親，我愛上他的時候，是我第一次背叛我的母親。」她說，而我請她解釋。

「我和我媽之間好像有個祕密約定，『我們』是一家人。甚至我第一次結婚的時候，我的婚姻也像她的——不是多愛，但她覺得女人應該如此。我結婚了，但我仍是她的。我們計畫，如果我生了小孩，會搬到她家附近，她會幫我養孩子，好像她是我的伙伴一樣。但是後來我遇到阿爾特，變成雙重背叛。」愛麗斯看著我，等待我拼湊出全貌。

「背叛是因為，你真的愛上他，而且成為你的伙伴的人是他，不是你的母親。」我說。「還有別的嗎？為什麼是雙重？」

愛麗斯閉上雙眼。她不看我，接著說。

「我遇到阿爾特的時候，他還是已婚，原因在此。我才剛離婚，而阿爾特當時分居，還沒正式離婚。有件事情我非常清楚，就是我永遠、永遠不會和已婚男人在一起。那等於違背我相信的一切；那是錯的，那是原則。所以我試著和他保持距離，但是很難。我們在同一間公司工作，而且一度被派到同一個專案。我們每天都要說話，而且說上好幾個小時。我們的對話越來越親密。阿爾特告訴我他分居的事，還有對他來說多麼難受。他有莉莉，當時五歲，正是我爸離開我的年紀；而且他說到晚上不能陪莉莉，讓他覺得非常痛苦。我告訴他我爸的事，他是如何背叛我們、離我們而去、另組家庭。我第一次跟別人分享所有細節。我甚至告訴他我媽舉行的典禮。」

「典禮？」我問。

愛麗斯睜開雙眼看著我。「對，我忘記我沒告訴你這件事。那個故事很怪。我當時小學一年級，我爸已經離開，但他們還沒離婚。某個星期天晚上，我媽開車載著我去他的辦公室。我以前和我爸去過那裡好幾次，但那天晚上不同。她拿著以前在一起時就有的鑰匙，打開門。他的辦公室和我記憶中的完全一樣。我爸是會計師，他的辦公室在市區一棟褐沙石的建築，離我們住的地方大約一個小時。

愛麗斯說著，又閉上眼睛。

「我媽需要一個告別典禮。她跟我解釋，我們必須繼續我們的生活，而為了那樣，我們需要有個治療儀式，讓我們放手。她沒哭，但我記得她的表情哀傷。我們走進他的辦公室後，我媽站在書桌正前方。她大聲說，祝福他新的人生一切順利，然後摘下結婚戒指，放在他的桌上。她拿起我們全家福的相框，放進她的包包，然後從包包拿出以前放在我們家客廳、一個小小的鳥的雕像，那是他們結婚之前他送她的禮物。她把那隻鳥放在書桌旁邊的櫃子上，然後又把結婚相簿，和幾本他忘記帶走的集郵冊，放在他的椅子上。

「我們臨走前，我媽說她還有最後一件事情要做。她站在角落，手中拿著幾張卡片，我認出上面有我爸親筆寫的字。我想那些是幾年來他送她的生日或結婚週年卡片。她小聲說了一些話，然後把卡片鋪在地板上，我聽不清楚她說了什麼。

「我們回到車上後，我媽問我有什麼感覺。她說我們現在自由了，而且這個治療儀式之後，她感覺好多了。我記得我也說自己好多了，但我在說謊。那天晚上我睡不著。我哭了，但我不知道為什麼。

「第一個聽我說這個故事的人是阿爾特。我記得電話裡頭的他沉默，然後我發現他在哭。我問他為什麼這麼激動，他說他不確定單純是因為這個故事很悲傷，還是他對我的父親非常感同身受，能體會他失去我的傷痛。那個回答深深感動了我，還有他想聽我的故事，但不和他自己的混為一談，那樣的念頭。我覺得他是有史以來第一個考慮我的感受的人。」

愛麗斯繼續說，她的聲音變得溫柔：「那也是第一次，我心想，也許我爸真的『難過』；也許他也失去某些東西。我知道聽來奇怪，但老實說，我不想再見到他之後，也不再想過他的感受。我不曾想像星期一早上他走進辦公室的時候，我也不曾想過，我媽做那些事，不只是為了治療自己，也是為了傷害他。就連此時此刻，聽起來還是不對。我想她當時並沒有惡意。」

從愛麗斯的話中，我聽見透過阿爾特，她對父親的看法產生細微變化。

她可以開始把她的父親和母親看作感情複雜、拚命掙扎的人。

「和阿爾特大約通了一個月的夜間電話後，我們幾乎什麼都講了。我答應和他在辦公室以外的地方見面。於是，我們一起過夜，而且知道我們剩餘的人生每天都要一起過。一個月後，我們想要懷孕。」

「然後你覺得自己背叛你的母親。」我說。

「喔，對。」她回答。「我當然馬上告訴她，她也為我高興，但我知道我越過了某條祕密的界線。我不敢告訴她，阿爾特還沒正式離婚。我怕她會認為我往我爸那裡靠攏，並擔心我會原諒爸爸，然後離開她。所以我慢慢告訴她。

「一開始她只是聽，她一向如此，她是很好的聽眾。然後她問：『愛麗斯，他是好人嗎？』我聽了很不舒服，因為我知道她真正想問的話。我知道她想起我爸，但她不想破壞我的好事，她只是一直問我他是不是好人。

「『媽，你為什麼一直那麼問？他當然是好人。』我回答，而她發現我不高興。

「『我最愛的人是你。』她說。『我希望你和好人在一起。我希望你幸福。哪天你有了女兒就會懂。』」

愛麗斯看著我。「老實告訴你，」她說：「那真的壞了我的好事。我變得很擔心。我感覺她在懷疑，而且我想，也許她看得出來阿爾特有什麼事，卻是我看不見的。和他在一起的時候，我感覺百分之百安全，但和我媽在一起的時候，我感覺她懷疑他，於是我也懷疑起自己的判斷。」

我問愛麗斯，她的母親是不是因為害怕失去她，所以才會這麼擔心。

愛麗斯聽了眼睛一亮。「你知道阿爾特說什麼嗎？他說，和我媽分開是不可能的。對他而言，最耐人尋味的是，我爸不快樂的時候，選擇背著我媽建立另一個家庭，而非離開我媽。直到我媽發現，我爸才不得不離開。別誤會我的意思。真正的混帳才會做出這麼不道德的事，但阿爾特對我爸的選擇感到驚奇。他說，除非精神變態，否則像那樣說謊，過著雙重生活，可是比乾脆離開還要痛苦許多。而且相信我，要阿爾特離開他的家庭非常困難，所以他的意思不是離開很簡單。

「現在我看待事情的方式不同了。我懂我爸為何無法離開我媽，因為他承受不起傷害她。你懂嗎？我敢說他連在婚姻裡頭不快樂都說不出口，因為她會很難過。我不是在怪她，但我確定，我爸知道如果他離開我媽，他也會失去我，他想得沒錯。他的個性軟弱，而她用傷心難過來控制他。我想她也是這麼控制我們大家。」

我想，愛麗斯需要找到一個方式同時接受她的父親和母親，以及他們的不完美和過錯，如此她也才能接受自己，以及身而為人的限制。她需要成為自己的主人，自由選擇，而不是一個困在父母世界的女兒。

有時候我也猶豫，問我自己，理解她的父親，會不會事實上是順從規範結構，而不是自由？同時接受父母，原諒父親，是真的自由嗎？或者只是符合父權體制？整體而言，男人在那個體制中擁有較多權力，因此父親受到的評判不如母親嚴厲。坐在椅子上的我，心裡滿是這些問題，而我看到愛麗斯拚命想要打破二元的認同，她只能像她的父親或像她的母親，而且只能效忠其中一方。我知道她的負擔必定非常沉重，她也因此一直是個沒有實質權力選擇或成長的小女孩。

愛麗斯抓起水壺，放回她的包包。「你知道嗎？諮商很累。」她笑了。「我不知道我有那麼多話可以說。你有其他像我這樣的病人嗎？說個不停，不讓你插話？」

我笑了。我喜歡愛麗斯，我也知道要她談論她的童年，而且像她那樣挑戰自己說出來的話，其實非常困難。

「我感覺更堅強了。」她又說，而我點頭同意。

「感覺像把我自己生出來。」她驕傲地說：「而你就是我的助產士。」

/

隔週我打開門的時候，差點認不出愛麗斯。我愣了半天才發現是因為她的頭髮；她剪成短髮。

「你覺得如何？你喜歡嗎？」她的聲音聽來興奮。「前幾天我問自己，我的寶寶出生前，我想改變什麼。對了，我們決定叫她柔伊，意思是生命。」

愛麗斯看起來長大了一點。我思考了她決定將女兒取名柔伊，又把頭髮剪短的事。她一口氣說了這兩件事。我想起我們關於頭髮的對話：她母親留著就她那個年紀不是那麼適合的長辮；她自己又長又鬈、不好梳理的頭髮；還有她母親對梳頭的厭惡。

不久之後柔伊就要出生了。愛麗斯會成為母親，而她看起來再也不像她的母親。剪掉頭髮是剪斷羈絆的象徵，在她自己成為母親之前分離；而且這麼一來，就能允許她的女兒擁有自己的生命，不再繼承創傷。

我還沒能分享這些想法，她便轉向我說：「這個週末我還有個想法，想聽聽你的意見。我想接受我爸的提議，讓他幫我付代理孕母的錢。」

「怎麼說？」我問，同時想著新的髮型和這個發展。愛麗斯正著手重整她的家庭結構，為了騰出空間建立多個成員的家庭，她試著挑戰母女核心的家庭。我意識到，她和我諮商的這段時間，一直都在這麼做。我們諮商的時候，愛麗斯一直搬出第三人來。起初是她的母親——她不斷分析的母親——接著是阿爾特，她分享諮商過程的人。愛麗斯不自覺地想要避免多數人在諮商時尋求的兩人關係，意思就是，個案和治療師，在不公開的過程中，演變為親密的治療伙伴。相反地，愛麗斯需要製造一個三角形，首先包含她的母親和我，接著是阿爾特和我。她需要製造一個結構，在裡頭，她不須只對父母其中一人忠誠。那樣的動態重演她小時候失去的原生家庭，也在預演她即將擁有的家庭。

「週末的時候，阿爾特和我為此有點吵了起來。」她說，而我注意到，這是第一次聽到他們兩人爭執。「我應該跟你說過，很久以前，我跟我爸提起我們不孕、人工受孕等等，他就表示願意分攤一些費用。我很震驚，立刻拒絕。我怕他想賄賂我，而且我不希望他控制我。所以即使我們確實沒錢，還是選擇跟銀行貸款。但我爸不放棄，他一直說他想參與這個過程。我告訴他我會考慮，但一直沒回覆他。」

「就像你小的時候。」我插話，而她點頭。

「上個週末，阿爾特和我聊到我的童年，我告訴他，諮商的時候，我發現自己總是不理會我爸想要接近我的意圖。我單純不相信他。我告訴阿爾特，現在我的看法有點不同。他理解我的意思，但他說，我還是不讓我的爸進入我的人生，而且每次他想給我些什麼，我都拒絕。」

愛麗斯笑了。「你知道阿爾特有時候說話就像家長一樣嗎？那方面他精得很。」

我聽見她對阿爾特的家長姿態略感到矛盾，我微笑點頭。

愛麗斯在笑。「我知道。」她說：「他很煩，就像父母有時候很煩。他爭辯，說父母只要能夠滿足小孩的需求就會感覺良好，不一定是我老認為的權力舉動。他說金錢的協助是父母表達愛意的一種方式。他談到愛的語言，每個人有自己表達愛的方式，有些人透過文字，有些人透過行動，不分優劣。

「我忍不住提高音量，說我爸才不該為他自己的行為感到驕傲。他想表達他不快樂，於是欺騙我媽，我並不尊敬這種作法。我說我寧願他用文字表達情感，不用行動。阿爾特說我大錯特錯，還說，重要的其實是付諸行動，不只是文字或情感。他說，人的言行一致才是真誠。雖然我爸背叛我們很糟，因為他的言行矛盾，但那不代表他不能嘗試用愛的行動修復。阿爾特認為我爸給我錢，是為了告訴我，他想彌補做錯的一切，找到方法當我的爸爸，以及我們女兒的外公，而我拒絕他，是我在控制他，而非他控制我。

「老實說，我從沒那樣想過這件事情。我從沒想過，不收我爸的錢是在控制他，確保他不靠我太近。我想起你說過，金錢和性是人們最不老實、最虛偽的地方。我的意思是，我爸這些年都資助我和我媽，但我從沒謝過他，即使我知道他不有錢，必須犧牲。我沒謝過他送我的那些禮物，沒謝過他幫我付了夏令營和大學學費，還有大學畢業後的長途旅行。我不想感覺我需要他，或給他那種支配我們的權力。我覺得付錢是他的責任。事實是，有時候我覺得，我讓他付錢，是在幫他。彷彿付出的是我不是他。現在我想改變做法，接受他的錢做為回饋，感謝他的付出。博士，你覺得呢？接受他的提議有道理嗎？」

我想著愛麗斯背叛母親的事，思考愛麗斯是否意識到，是她對忠誠的矛盾，不讓她感謝父親給她的任何事物。如果她讓自己知道，她思念父親，她需要父親，可能就會再度傷透母親的心。她得讓自己忘記父親。現在，她在徵求我的許可，讓父親進來，原諒父親。

愛麗斯的情緒成長和她的講話速度一樣快。我見證她的圖像隨著她添加更多色彩，從原本對父母非黑即白的看法，開始變得充滿細微差異。現在她能讓自己把他們當成幸福路上遇到重重困難的人，她謝謝他們離婚的時候分別用不同的方式利用她，把她當成不願分享的珍寶。

我看見愛麗斯心中對他們溫柔的愛，以及無法從頭來過的痛；她無法治癒她的父母，讓兩人復合，讓童年重新來過。

該是哀悼的時候了，這也是包紮她自己的傷口、解放未來的時刻。

「我想讓自己當我爸爸的女兒。」愛麗斯說。

我知道她的意思，她不想落得羨慕她的女兒有個她從來沒有的父親，她不想重複她的過去。

人生不如人們以為，一個寶寶出生就是開始或結束。人生，以及檢視人生的過程亦同，都是持續不斷的。隨著愛麗斯趨近自身情感的真相，她需要剝開很多層，深入探究。在她女兒人生的每個階段，她將重新經歷自己的童年。她必須再次生父母的氣，然後原諒他們。她要用盡全力，就像她的母親那樣，然後發現，她的全力以赴不總是夠好。她會犯錯並質疑自己，發現自己對父母的過錯矯枉過正，還會重複那些過錯。她會感激他們給予她的一切，知道他們的能力有限，不總是認識自己，不總是好好面對過去的傷痛，而且她還得代替他們做某些功課。

愛麗斯將永遠不會忘記，把柔伊帶到這個世界那段痛苦但幸運的旅程。她和我會繼續尋找她的真相；她會努力認識她的過去，並追尋她對自己和人生尚未得到的答案。

最後，我們終會發現，原來，我們自己過的，是他人未經檢視的人生。

後記

開啟一扇門

去愛、去投入生命、去創造並實現夢想的能力，與我們追尋情緒的真相、容忍傷痛、哀悼的能耐，是不斷進行中的對話過程。雖然我們痊癒的旅程不同，但每個人都從決定追尋、開啟那扇門開始，而且，面對過去的傷痛，不是轉身離開，而是向前走去。我們選擇打開繼承的情緒，採取主動的姿態，化宿命為願景。他人的祕密變成我們自己的謎題，而我們的祕密也難免會在他人心中棲息並隱藏。那些祕密越是封閉，我們之於自己越是陌生；我們囚禁自己，寧願不去知道也不被人知道。那些過去的幽魂活生生在我們的潛意識中。某個程度而言，我們都為不可言說之事看門把關。

我們繼承的創傷留下疤痕，各自形成獨一無二的形狀。我們的覺察就像偵探辦案，追尋那些幽魂在我們心中留下的痕跡。過去如何影響我們，並控制我們活著的此時此刻，藉由這樣抽絲剝繭，逐漸真相大白。情緒若未處理，往往以神祕難解的方式一再出現在我們的生命之中。未經檢視的人生自行重複，貫穿世代迴響。未說出口的故事吵著再度上演——它們堅持被人說出口。意識無法指認的事件強行進入我們的現實，並自行重複。我們追尋並打開的，正是這些現在被看見的型態。一而再、再而三，人類的潛意識帶領我們前往事情出錯的原始地點，並且希望徹底重來，修復傷害，治癒那些受傷的人。那些從前被傷害、被羞辱、已經去世的世代，我們與他們感同身受。我們想像他們的解藥也是我們自己的；我們被束縛在痛苦的過去，活在罪惡裡頭，因此我們懇求解放，期望過得比先人更好。

然而，潛意識中治癒祖先的希望，往往不讓我們哀悼自己的童年、父母的瘡疤、祖父母的創傷——那些無法修復、拯救、重來的一切。我們將自己和受苦的人們劃上等號，而打破這樣的認同，需要鋪的路，正是哀悼，而且真切面對我們的父母無法承受的傷痛。哀悼的過程中，過去和現在逐漸有所區別，逝者和生者逐漸分離。我們哀悼無法控制的事物，因此，我們哀悼我們並非全能，而事實是，現實之中，我們並不如想像那般強大。情緒的真相——我們的生命有限，我們的內心軟弱，我們是能力有限的人類——讓我們謙虛，容許自己探索本性，涵容未來的各種可能，並秉持品格養育下一代。

我在本書開頭引述《耶利米書》的那句話，傳達的是苦難在世代之間的循環結束，希望未來「當那些日子，人不再說：父親吃了酸葡萄，兒子的牙酸倒了」。未來孩子不須背負父母人生的後果，希望我們繼承的情緒能被徹底處理並加以改變。

多年來，我們習慣把基因遺傳當成命運。生物學家相信環境因素對基因的效應極少，因此，心理成長和遺傳基因互不相關。最近，表觀遺傳學的領域賦予我們另一個架構，理解本性和教養如何交錯，在分子的層次上，我們又是如何回應環境。表觀遺傳學強調，基因有「記憶」，而且可能世代傳遞。

這項新研究的意義有兩個方向：我們發現創傷會被傳遞到下個世代，而且心理學的工作可以改變並減緩創傷的生理影響。加州大學聖地牙哥分校的精神病學教授史蒂芬・斯塔爾（Stephen Stahl）主張，既然心理治療能改變大腦的迴路，而且方法類似藥物，或與藥物相輔相成，因此可以概念化為「表觀遺傳學的藥」。我們的希望寄託在，理解我們對於情緒的處理，將深刻影響我們是誰，以及我們的孩子、孫子女會成為什麼樣的人。創傷經由我們的心靈、我們的身體傳遞，但是韌性和痊癒也是。

下個世代背負的不只是過去的絕望，還有希望，因為光是他們的存在，就能證明他們的家族活了下來，而且可望擁有未來。重新經歷前人的傷痛，我們得以參照痛苦的過去，想像可能的未來；從混沌理出秩序，從無助轉為主動出擊，從毀滅走向再造。在那個意義上，我們的工作是處理傷痛，並得到解放過去的方法，同時期待未來的救贖。

當我們學會認出我們體內存在的情緒繼承，便能開始理解事物，開始改變生命。漸漸地，一扇門開啟了，指向一條途徑，通往現在的生活和過去的創傷。我們痊癒的路上，過去看似不可能，現在則變得更為具體。隨著傷痛消散，新的道路將會出現——那，正是通往愛的道路。

致謝

謹以本書做為紀念，獻給路易・艾隆（Lewis Aron）。他全心全意的愛、令人驚嘆的智慧和一直以來的支持，總是常伴我左右。

非常感謝我的個案，我把你們的故事寫了下來，也銘記於心。謝謝你們教會了我很多關於心智和我自己的事情。你們協助我調整書中故事的細節，避免曝光身分。你們邀請我加入你們的旅程，信任我寫你們的故事，並以深刻的洞察力和慷慨的態度閱讀這些內容，對此種種我心懷感謝。

我有幸成為紐約大學心理治療暨精神分析博士後計畫的一員，這個社群真是令人驚嘆。我特別感謝親愛的同事、學生和朋友，他們閱讀了各章節的早期的多個版本，並給予回饋。

感謝 Jessica Benjamin 博士、Carina Grossmark 博士、Jonathon Slavin 博士、Karen Tocatly、Velleda Ceccoli 博士、Nina Smilow、Yael Kapeliuk 博士、Colette Linnihan、Noga Ariel-Galor 博士、Lauren Levine 博士、Kristin Long、Avital Woods、Merav Roth 博士、Robert Grossmark 博士、Yifat Eitan-Persico 博士、Ivri Lider、Orly Vilnai、Anat Binur、Limor Laniado-Tiroche、Jamie Ryerson 和 Amy Gross。感謝 Roberto Colangeli 博士與我分享他在表觀遺傳學和精神分析方面的工作成果。

感謝 Judith Alpert 博士對於有關性侵的章節所提供的協助。感謝 Beatrice Beebe 博士對嬰兒章節的啟發和編輯。感謝 Ezra Miller 對性別二元議題的指引，幫助良多。

特別感謝 Melanie Suchet 博士一直以來慷慨大方的關愛和支持。

感謝 Steve Kuchuck 博士對本書的寶貴貢獻，也感謝你多年來的友誼和充滿創造性的合作。沒有你的才華、智慧和忠誠，我不可能完成這本書。

大約十年前，為了研究精神分析的「幽魂」，我加入了紐約市的一個精神分析師小組，他們正在分析我們進行心理治療時，幽魂出現的多種方式。我想要感謝 Adriene Harris 和這個團隊：Margery Kalb、Susan Klebanoff、Heather Ferguson、Michael Feldman 和 Arthur Fox。

謝謝 Emma Sweeney 的支持，在這本書尚未誕生前就充滿信心，謝謝你獨到的建議和深刻的關懷。謝謝 Folio 的 Margaret Sutherland Brown。特別謝謝我超棒的經紀人 Gail Ross。

我非常感謝 Sally Arteseros 敏銳的雙眼和不斷的付出，這部著作有你參與其中，我實在太幸運了。Tracy Behar 擔任我的編輯和出版者也是我的福氣，謝謝你亮眼的工作表現，相信這本書也相信我。此外，謝謝你仔細閱讀、全心投入，體貼地引導我，而且，你有了不起的能力，不僅回應已經在紙上的文字，還有那些需要在紙上的文字。

謝謝 Little, Brown Spark 出版社傑出的團隊：Ian Straus、Betsy Uhrig、Laura Mamelok、Lucy Kim、Jessica Chun、Juliana Horbachevsky、Lauren Ortiz。謝謝 McCartin Daniels PR 的 Sally Anne McCartin。

Bob Miller，你是我的依靠，也是我的庇護。謝謝你長期以來和我一起追尋情緒的真相，永遠等著承接我，帶著好奇和驚異的智慧閱讀我寫的每一個字。謝謝你和我分享你天賦異稟的心智與靈魂，而且那樣愛我。

致我深愛的家人：Shoshi與Yaakov Atlas，我所懂的愛與奉獻是你們教我的。致我的妹妹Keren Atlas-Dror，她首先見證我的生命，並支持著我。致Ashi Atlas、Anat Rose-Atlas、Tamir Koch、Mika and Itamar Dror。

致我深愛的繼子繼女：Benjamin、Raphi、Kirya Ades-Aron。謝謝你們陪伴我經歷這麼多事情，我們是永遠互相支持的家人。

最重要的，我想謝謝我的孩子：Emma、Yali、Mia Koch。你們啟發我，令我訝異，令我感動，每天都教我新的東西。謝謝你們是這樣的人，而且是作夢都想不到的家人。

國家圖書館出版品預行編目 (CIP) 資料

創傷會遺傳：解開創傷的世代遺傳之謎，卸下潛意識擔在身上的痛楚 / 加莉特．阿特拉斯 (Galit Atlas,PhD) 作；胡訢諄譯．-- 初版．-- 臺北市：三采文化股份有限公司，2023.12
面；　公分．-- (Mind map)
譯自：Emotional inheritance : a therapist, her patients, and the legacy of trauma
ISBN 978-626-358-211-8(平裝)

1.CST: 阿特拉斯 (Atlas, Galit.) 2.CST: 心理創傷 3.CST: 心理治療 4.CST: 精神分析 5.CST: 遺傳

178.8　　112016493

◎封面圖片提供：
TWINS DESIGN STUDIO — stock.adobe.com

suncolor 三采文化

Mind Map 261

創傷會遺傳

解開創傷的世代遺傳之謎，卸下潛意識擔在身上的痛楚

作者｜ 加莉特．阿特拉斯（Galit Atlas, PhD）
譯者｜ 胡訢諄
編輯三部主編｜ 喬郁珊　版權選書｜ 杜曉涵　編輯｜ 王惠民
美術主編｜ 藍秀婷　封面設計｜ 方曉君　版型設計｜ 莊馥如
內頁排版｜ 菩薩蠻電腦科技有限公司　文字校對｜ 周貝桂

發行人｜ 張輝明　總編輯長｜ 曾雅青　發行所｜ 三采文化股份有限公司
地址｜ 台北市內湖區瑞光路 513 巷 33 號 8 樓
傳訊｜ TEL: (02) 8797-1234　FAX: (02) 8797-1688　網址｜ www.suncolor.com.tw
郵政劃撥｜ 帳號：14319060　戶名：三采文化股份有限公司
初版發行｜ 2023 年 12 月 1 日　定價｜ NT$420
2 刷｜ 2024 年 4 月 10 日